TOP **10**
SINGAPUR

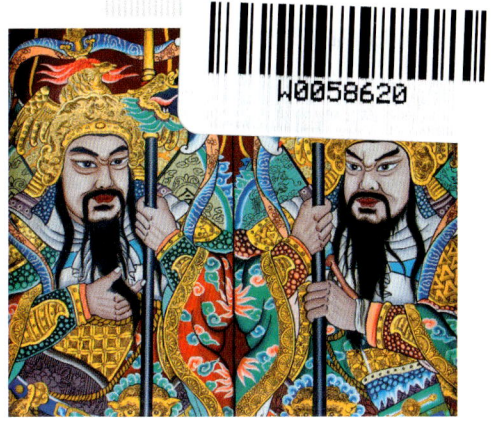

W0058620

JENNIFER EVELAND
& SUSY ATKINSON

Links **Siloso Beach** Mitte **Orang-Utans im Singapore Zoo** Rechts **Esplanade – Theatres on the Bay**

Penguin Random House

www.dorlingkindersley.de

Produktion Quadrum Solutions, Krishnamai,
33B, Sir Pochkanwala Road, Worli, Mumbai, Indien
Texte Jennifer Eveland, Susy Atkinson
Fotografien Tony Souter
Kartografie Suresh Kumar
Redaktion & Gestaltung
Dorling Kindersley London

© 2009, 2016 Dorling Kindersley Ltd., London
Zuerst erschienen 2009 bei
Dorling Kindersley Ltd., London
A Penguin Random House Company

Für die deutsche Ausgabe:
© 2009, 2016 Dorling Kindersley Verlag GmbH,
München
Ein Unternehmen der
Penguin Random House Group

Aktualisierte Neuauflage 2016/2017

Programmleitung Dr. Jörg Theilacker, DK Verlag
Projektleitung Stefanie Franz, DK Verlag
Übersetzung Annika Schroeter, München
Redaktion Birgit Walter, Augsburg
Schlussredaktion Philip Anton, Köln
Satz & Produktion DK Verlag
Druck Leo Paper Products Ltd., China

ISBN 978-3-7342-0523-1
4 5 6 7 8 18 17 16 15

Die Top-10-Listen in diesem Buch sind nicht
nach Rängen oder Qualität geordnet. Alle zehn
Einträge sind in den Augen des Herausgebers
von gleicher Bedeutung.

Inhalt

Top 10 Singapur

Die Informationen in diesem Top-10-Reiseführer werden regelmäßig aktualisiert.

Angaben wie Telefonnummern, Öffnungszeiten, Adressen, Preise und Fahrpläne

können sich jedoch ändern. Der Verlag kann für fehlerhafte oder veraltete Angaben

nicht haftbar gemacht werden. Für Hinweise, Verbesserungsvorschläge und

Korrekturen ist der Verlag dankbar. Bitte richten Sie Ihr Schreiben an:

Dorling Kindersley Verlag GmbH

Redaktion Reiseführer

Arnulfstraße 124 • 80636 München

travel@dk-germany.de

Links **Laternen im Thian Hock Keng Temple** Mitte **Chinese Garden** Rechts **Elgin Bridge**

Links **Underwater World** Rechts **Statue von Sir Thomas Stamford Raffles**

Besucherinformationen zu Singapur (auch auf Deutsch)
www.yoursingapore.biz

TOP 10 SINGAPUR

 **Highlights**

Singapur, Drehkreuz zwischen Ost und West, prägt eine faszinierende Verbindung von Kultur und Geschichte. Auf den ersten Blick wirkt die Stadt mit ihren Wolkenkratzern hochmodern, doch bei näherer Erkundung offenbart sich ihr östliches und ihr europäisches Erbe. Am Singapore River erstrecken sich die stattlichen klassizistischen Bauten des Colonial District ebenso wie die ethnisch geprägten Viertel Chinatown, Little India und Kampong Glam. Singapur ist eine facettenreiche Stadt mit traditionellem wie zeitgenössischem Flair.

1 National Museum of Singapore

Das National Museum *(links)* bietet eine hervorragende Einführung in das kulturell äußerst vielfältig geprägte Singapur. Die Historie des Stadtstaats wird mit multimedialen Mitteln veranschaulicht *(siehe S. 8f)*.

2 Singapore River

Den Singapore River, einst Lebensader der frühen Siedler, säumen zahlreiche Restaurants und Freizeitanlagen, die meist in historischen Lagerhäusern untergebracht sind. Der Fluss lässt sich am besten an Bord eines Bumboats *(rechts)* erkunden *(siehe S. 10f)*.

3 Thian Hock Keng Temple

Singapurs ältester chinesisch-taoistischer Tempel *(oben)* zählt zu den schönsten der Stadt. Der 1839 errichtete Komplex ist ein bedeutendes kulturelles Wahrzeichen für die chinesische Gemeinde Singapurs und ein guter Ausgangspunkt für die Erkundung von Chinatown *(siehe S. 12f)*.

4 Masjid Sultan

Die Zwiebeltürme *(links)* der Sultan-Moschee erheben sich über Kampong Glam, dem muslimischen Viertel der Stadt. Der Bau vereint persische, maurische und türkische Elemente und bildet das Herz der muslimischen Gemeinde *(siehe S. 14f)*.

Little India

Colonial District

Padang

Empress Place

Chinatown

Marina Bay

0 — Meter ———— 500

Vorhergehende Doppelseite
Wolkenkratzer am Singapore River mit Anderson Bridge

Sri Veeramakaliamman Temple
5 Statuen hinduistischer Gottheiten reihen sich auf dem Tempeldach *(oben)* und wachen über Little India. Der 1881 erbaute Tempel ist Vinayagar, Viswanathan und Kali gewidmet. Er zählt zu den ältesten Singapurs *(siehe S. 16f)*.

Singapore Botanic Gardens
6 Der wunderschöne Botanische Garten *(rechts)* erstreckt sich unweit des Stadtzentrums. Ein Spaziergang durch die Anlage ist bei kühleren Temperaturen am frühen Morgen besonders reizvoll *(siehe S. 18f)*.

Singapore Zoo & Night Safari
7 Der preisgekrönte Zoo ist das ganze Jahr über einen Besuch wert – für Kinder wie für Erwachsene. Die Night Safari *(links)* ist weltweit die erste Möglichkeit, nachtaktive Tiere in nahezu natürlichen Lebensräumen zu sehen *(siehe S. 20f)*.

Singapore Flyer
8 Das zweitgrößte Riesenrad der Welt *(rechts)* ragt über der Marina Bay auf. Es bietet eine fantastische Aussicht auf den Singapore River und das nahe gelegene Colonial District bis hin zu den vorgelagerten Inseln weit draußen im Meer *(siehe S. 22f)*.

Raffles Hotel
9 Das vornehme Hotel *(unten)* erinnert an die Kolonialzeit, in der Singapur entstand. Es steht außerdem für das Streben nach Luxus, wie er hier in Vollendung herrscht. Das Raffles Hotel verfügt über ein eigenes Museum *(siehe S. 24f)*.

Sentosa
10 Die Insel *(oben)* mit Wellnessresorts, Sportmöglichkeiten zu Land und zu Wasser und vielen weiteren Attraktionen für alle Altersgruppen ist Singapurs Erholungsgebiet *(siehe S. 26f)*.

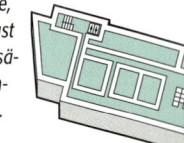 National Museum of Singapore

Das Nationalmuseum wurde 1887 zu Queen Victorias goldenem Thronjubiläum eröffnet. Das prächtige Gebäude im Kolonialstil erinnert an die Blütezeit des British Empire. Seit der Unabhängigkeit Singapurs 1965 dokumentiert das Museum Geschichte und Kultur des Landes. Der moderne, aus Glas und Stahl erbaute Trakt steht in starkem Kontrast zum restaurierten Originalgebäude. In den Ausstellungssälen wird durch kreativen Einsatz von Design, Licht und interaktiven Elementen die Geschichte Singapurs lebendig.

Videoinstallationen in den Singapore Living Galleries

🕐 Nach 18 Uhr ist der Eintritt in die Singapore Living Galleries frei.

🍴 Die verschiedenen Cafés, Bars und Restaurants des Hauses bieten Snacks sowie chinesische und europäische Gerichte.

• *Karte L1*
• *93 Stamford Road*
• *6332-3659*
• *So–Do 10–18 Uhr, Fr & Sa 10–22 Uhr (Singapore Living Galleries tägl. 10–20 Uhr)*
• *für Rollstühle geeignet*
• *Eintritt: Erwachsene 6 S$, Senioren (ab 60 Jahre) & Studenten 3 S$ (Singapore Living Galleries: Erwachsene 10 S$, Senioren (ab 60 Jahre) 5 S$, Studenten & Kinder unter 6 Jahren frei)*
• *www. nationalmuseum.sg*

Top 10 Blickfänge

1. Architektur & Design
2. Glaspassage
3. Multimedia-Ausstellungen
4. Singapore History Gallery
5. Gallery Theatre
6. Singapore Living Galleries
7. Fashion Gallery
8. Film & Wayang Gallery
9. Food Gallery
10. Photography Gallery

Architektur & Design
Das von Sir Henry McCallum im Stil des Palladianismus entworfene Gebäude *(oben)* wurde 1887 errichtet. Durch den modernen Anbau von 2006 wurde die Kapazität des Museums mehr als verdoppelt.

Glaspassage
Die Konstruktion der Glaspassage ist eine architektonische Meisterleistung und eine optisch eindrucksvolle Verbindung zwischen Alt und Neu. Sie erlaubt einen genauen Blick auf die alte Kuppel.

Multimedia-Ausstellungen
Viele Ausstellungen sprechen alle Sinne an. In der Singapore History Gallery *(links)* ertönen Klangeffekte, in der Food Gallery duftet es nach Obst und Gewürzen aus der Küche Singapurs.

 John Singer Sargents Porträt von Sir Frank Swettenham in der Singapore History Gallery ist über 4 000 000 S$ wert.

Singapore History Gallery
Die Ausstellung birgt ein Fragment des Singapore Stone *(unten; siehe S. 11)* aus dem 14. Jahrhundert. Keramik, Schmuck und Münzen zeugen vom Handel vor der Ankunft von Stamford Raffles.

Gallery Theatre
In dem Saal, der 247 Zuschauern Platz bietet, werden regelmäßig Filme, Theateraufführungen und Retrospektiven gezeigt.

Singapore Living Galleries
Fashion Gallery *(unten)*, Film & Wayang Gallery, Food Gallery und Photography Gallery sind die vier Dauerausstellungen im alten Flügel. Auf dem Weg zu den Sälen kann man die restaurierten Buntglasfenster der Kuppel *(siehe Kasten)* bestaunen.

Fashion Gallery
Die Ausstellung beschäftigt sich mit der Rolle der Mode als Ausdruck weiblicher Identität und dokumentiert Veränderungen des Stellenwerts der Frauen im Singapur der 1950er bis 1970er Jahre.

Film & Wayang Gallery
Auf drei Bildschirmen werden Ausschnitte aus den Anfängen des Kinos in Singapur gezeigt. Ein Raum birgt Kostüme und Haarschmuck aus chinesischen Opern (Wayang) sowie ein Puppentheater.

Food Gallery
Die Ausstellung zeigt, welche Kochtraditionen Singapur von Einwanderernationen übernommen hat. Gerichte wie *roti prata* (indisches Fladenbrot mit Sauce) und *nasi lemak* (malaysischer Kokosreis) sind Zeugnisse dieser kulinarischen Verbindung.

Legende

 Untergeschoss

Erdgeschoss

Erster Stock

Zweiter Stock

Photography Gallery
Familienporträts *(links)* illustrieren ein Jahrhundert der Geschichte Singapurs, interaktive Exponate widmen sich gesellschaftlichen Themen. Außerdem ist eine der ältesten Fotografien von Singapur ausgestellt – die Aufnahme stammt von 1844.

Buntglaskuppel
Die Kuppel ist das eindrucksvollste architektonische Element des Museumsgebäudes. Während der Renovierung 2004/2005 wurden die 50 viktorianischen Buntglasfenster einzeln entfernt und sorgfältig restauriert – eine langwierige und mühsame Arbeit, vor allem, weil das Glas gebogen ist. Das Ergebnis kann sich sehen lassen: An klaren Tagen zaubert das Sonnenlicht, das durch die Kuppel fällt, ein herrliches Farbenspiel.

Bereiche der Singapore Living Galleries wurden nach umfangreichen Renovierungsarbeiten im September 2015 wiedereröffnet.

TOP 10 Singapore River

Der Singapore River, von jeher Mittelpunkt der Stadt, passiert die Godowns (Lagerhäuser) aus den 1920er Jahren, die Bars und Restaurants von Clarke Quay und die Wolkenkratzer des Financial District. Der Fluss mit dem natürlichen Hafen war erster Anziehungspunkt für den Stadtgründer Sir Thomas Stamford Raffles. Beim Spaziergang entlang der Ufer oder an Bord eines der Bumboats, die sich einst in großer Zahl um den Boat Quay drängten, eröffnen sich wunderbare Ansichten der Stadt. Seit der Säuberung des Flussgebiets im Jahr 1987 ist der Singapore River, der ehemalige Hauptverkehrsweg für den Handel, attraktives Zentrum für Besucher und Einheimische.

Elgin Bridge

🔵 Bumboats sind zwar etwas touristisch, sie bieten aber die beste Sicht auf die Skyline der Stadt.

🔵 In dem Pub The Penny Black (27 Boat Quay) kann man bei Kneipenkost und Bier entspannt die vorbeiziehenden Bumboats beobachten.

• Karte J2–M3
• Flussfahrten: Raffles' Landing Site (Karte L3); »Singapore River Experience – The Tale of 2 Quays« (40 Min.): Erwachsene 24 S$, Kinder 15 S$; www.rivercruise.com.sg
• G-MAX Reverse Bungy & GX-5 Extreme Swing: Boat Quay Promenade (Karte L2); tägl. 14 Uhr bis spätabends; Erwachsene 45 S$/Studenten 35 S$ pro Attraktion; Kombiticket (69S$/50 S$); Mindestalter 12 Jahre & Mindestgröße 1,20 Meter; www.gmaxgx5.sg

Top 10 Flussflair

1. Raffles' Landing Site
2. Merlion
3. Cavenagh Bridge
4. Asian Civilisations Museum
5. Old Parliament House
6. Boat Quay
7. Elgin Bridge
8. Clarke Quay
9. G-MAX Reverse Bungy & GX-5 Extreme Swing
10. Robertson Quay

1 Raffles' Landing Site
Eine Marmorstatue *(unten)* markiert die Stelle, an der Sir Thomas Stamford Raffles einst an Land ging. Sie ist eine Nachbildung der Bronze, die vor der Victoria Theatre & Concert Hall steht. Im Norden liegt der Colonial District, im Süden ragen die Türme des Central Business District empor.

2 Merlion
Die 1964 vom Singapore Tourist Board kreierte Figur des Merlion – halb Löwe, halb Fisch – symbolisiert die Verbundenheit des nach einer Legende »Löwenstadt« genannten Singapur mit dem Meer. Die Statue am Fluss wurde 1972 enthüllt.

3 Cavenagh Bridge
Die nach einem ehemaligen Gouverneur von Singapur benannte Zugbrücke wurde in Glasgow gefertigt. Sie ist heute Fußgängerbrücke. Ein Schild aus viktorianischer Zeit verwehrt Pferden und Kühen den Zutritt.

➜ *Halten Sie an der Cavenagh Bridge Ausschau nach den Bronzestatuen von Kindern und Singapurer Straßenkatzen.*

Asian Civilisations Museum
Das 1867 als Regierungsgebäude errichtete Bauwerk wurde Anfang des 20. Jahrhunderts in Empress Place Building umbenannt. 2003 zog das Asian Civilisations Museum *(siehe S. 36)* ein.

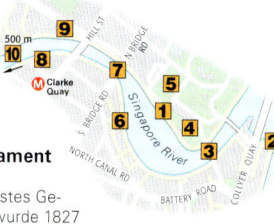

Old Parliament House
Singapurs ältestes Gebäude *(links)* wurde 1827 errichtet und 1965, nach erlangter Unabhängigkeit des Landes, zum Parliament House *(siehe S. 85).*

Boat Quay
An dem Kai *(unten)* herrscht Hochbetrieb, seit chinesische Kaufleute 1820 die ersten Godowns errichteten. Heute sind es weniger die Boote als die Bars und Restaurants, die für Leben sorgen.

Elgin Bridge
Eine Zugbrücke aus Holz war 1822 der einzige Weg über den Fluss. Die heutige Brücke datiert von 1929. Sie ist nach dem 8. Earl of Elgin benannt, in den 1860er Jahren Generalgouverneur von Indien.

Clarke Quay
Das Hafenareal ist das beliebteste Zentrum des Nachtlebens in Singapur. In den stilvoll restaurierten Godowns *(unten)* laden zahlreiche elegante Restaurants und Bars mit Tischen im Freien am Ufer ein.

G-MAX Reverse Bungy & GX-5 Extreme Swing
Die beiden Fahrgeschäfte bieten Adrenalin-Junkies eine ungewöhnliche Perspektive auf das Colonial District. Fürs Bungee-Jumping braucht man ein gesundes Herz.

Robertson Quay
Mit dem wachsenden Handel wurden flussaufwärts Sümpfe trockengelegt, um die Godowns des Robertson Quay zu bauen. Heute ist dies die Gegend von schicken Restaurants, Bars und Galerien geprägt.

Singapore Stone
Das im National Museum of Singapore ausgestellte Sandstein-Fragment *(siehe S. 9)* gibt Fachleuten Rätsel auf. Die 50-zeilige Inschrift konnte bis heute nicht entziffert werden. Das Fragment war Teil einer auf einem Felsen an der Flussmündung positionierten Sandsteinplatte, die 1819 entdeckt wurde. Der Fels wurde 1843 auf Geheiß eines britischen Ingenieurs gesprengt. Insgesamt sind drei Fragmente erhalten.

 Zu Flussfahrten auf dem Singapore River **siehe S. 111**

Thian Hock Keng Temple

Der 1839 erbaute Tempel ist einer der ältesten chinesischen Tempel in Singapur. Seeleute errichteten ihn, ganz ohne die Verwendung von Nägeln, zu Ehren der Göttin Mazu, die ihr Leben für die sichere Überfahrt der Seefahrer geopfert haben soll. Das durch Privatspenden, zum Beispiel von Hoklo-Führer Tan Tock Seng, finanzierte Bauwerk ist südchinesischen Stils. Es steht, der Tradition entsprechend, auf einer Nord-Süd-Achse und birgt Heiligtümer verschiedener Gottheiten.

Chung Wen Pagode

Mazu, Wächterin der Südlichen Meere

🕐 Im Thian Hock Keng Temple werden Feste wie das Chinesische Neujahr und die Geburtstage der Göttinnen Guanyin und Mazu mit Gebeten, traditioneller Musik und Tanz gefeiert. Da chinesische Feiertage dem Mondkalender folgen, sollte man sich vor Ort nach den Terminen erkundigen.

🍴 In dem beliebten Hawker Center (Markt mit Imbissständen) an der Telok Ayer Street sind einheimische Speisen, Obst und Kaltgetränke erhältlich.

- Karte L4
- 158 Telok Ayer Street
- 6423-4616
- tägl. 7.30–17.30 Uhr
- www.thianhockkeng.com.sg

Top 10 Details

1. Stufe
2. Konstruktion
3. Türbemalung
4. Decke
5. Ahnentafeln
6. Mazu, Wächterin der Südlichen Meere
7. Guanyin, Göttin der Gnade
8. Konfuzius-Statue
9. Statue von Chen Zhi Guang
10. Chong Hock Girls' School

1 Stufe
Ursprünglich stand der Tempel am Fluss, wurde dann aber durch Landgewinnung vom Wasser abgeschnitten. Die Stufe diente einst als Schutz vor den Gezeiten, die die Fundamente umspülten.

3 Türbemalung
Die Malereien auf der Tür zeigen Glück verheißende Kreaturen (oben), die nach taoistischem Glauben den Tempel schützen. Ein Brett über der Schwelle hält böse Geister fern und verlangt demütige Haltung.

2 Konstruktion
Handwerker aus Südchina bauten den Tempel (Mitte) auf traditionelle Weise ohne die Verwendung von Nägeln. Das gesamte Baumaterial wurde aus China importiert, darunter Eisenholz für die Säulen und Keramik für die prächtigen Dachmosaiken.

4 Decke
Die Renovierung des Tempels im Jahr 2000 führten Künstler aus China durch. Sie restaurierten die Schnitzereien an der Decke unter dem Hauptaltar, erneuerten das Blattgold und frischten die Malereien auf.

➔ Der Thian Hock Temple erhielt 1973 den Status eines Nationaldenkmals.

Ahnentafeln
Im Einklang mit der taoistischen Tradition der Ahnenverehrung werden die Ahnentafeln *(oben)* mit den Namen und Lebensdaten der Verstorbenen regelmäßig mit Opfern in Form von Räucherstäbchen, Speisen und Gebeten bedacht.

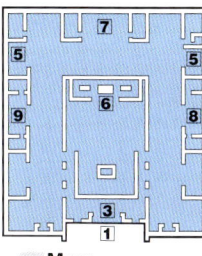

Mazu, Wächterin der Südlichen Meere
Die Haupthalle ziert ein Bildnis der Schutzpatronin der Seefahrer. Mazu wurde 960 in der südchinesischen Provinz Fujian geboren und riskierte ihr Leben für die Seeleute.

Guanyin, Göttin der Gnade
In dem kleinen Hof hinter dem Hauptaltar ist die Göttin der Gnade dargestellt *(oben)*. Guanyin soll die Aufnahme ins *nirvana* abgelehnt haben, um auf der Erde Armen und Bedürftigen zu helfen.

Konfuzius-Statue
Konfuzius *(unten)*, einer der größten chinesischen Philosophen (551–497 v. Chr.), entwickelte ein Wertesystem, das Bildung, Selbstdisziplin, Respekt vor der Familie und politische Verantwortung propagierte und die chinesische Gesellschaft bis heute prägt.

Statue von Chen Zhi Guang
Der chinesische Gouverneur verbesserte im 8. Jahrhundert Wirtschaft und Lebensstandard so sehr, dass die Hoklo ihn als Gott verehrten.

Chong Hock Girls' School
Im Tempel befand sich einst eine der ersten Mädchenschulen Singapurs. Diese wurde vom Hoklo-Verband Huay Kuan finanziert. Solche Clans bildeten das Rückgrat der chinesischen Gemeinde.

Etikette

Wie in allen Gotteshäusern gilt es auch hier, die religiöse Hingabe der Gläubigen zu respektieren. Fotografieren ist gestattet, nicht aber das Berühren von Altargegenständen. Anders als in Hindu-Tempeln und in Moscheen ist die Kleiderordnung eher locker, auch Shorts und ärmellose Tops sind erlaubt. Außerdem darf man chinesische Tempel mit Schuhen betreten.

Masjid Sultan

Die Sultan-Moschee ist das Zentrum der muslimischen Gemeinde Singapurs. Sie befindet sich in dem Stadtteil, der 1819 dem Sultan von Johor zugesprochen wurde, der bis zu jener Zeit Singapur regiert hatte. 1824 entstand die erste Moschee. Da der Bau mit Geldern der East India Company finanziert wurde, erinnerte er an den in Ostasien typischen Stil und trug ein pyramidenähnliches Dach. Ein Jahrhundert später war die Moschee verfallen. Das neue Gotteshaus wurde von dem irischen Architekten Denis Santry von Swan & Maclaren entworfen. Dieses in Singapur ansässige Architekturbüro zeichnet für zahlreiche bedeutende Bauten der Stadt verantwortlich.

Die königlichen Gräber im maqam hinter der Moschee

Während des Fastenmonats Ramadan füllen sich die Straßen rund um die Moschee nach Sonnenuntergang mit Imbissbuden, die köstliche malaiische Spezialitäten anbieten.

Die Cafés in der schattigen, von Palmen gesäumten Bussorah Mall gegenüber der Moschee servieren türkischen und malaiischen Tee sowie frischen Limonensaft.

- Karte H5
- 3 Muscat Street
- 6293-4405
- Sa–Do 9–12 Uhr & 14–16 Uhr, Fr 14.30–16 Uhr
- www.sultanmosque.org.sg

Top 10 Moschee

1. Architektur
2. Flaschenband
3. Kuppeln
4. Ausrichtung
5. Waschbereiche
6. Gebetshalle
7. Minbar
8. Mihrab
9. Maqam
10. Anbau

1 Architektur

Die Masjid Sultan wurde im sarazenischen Stil erbaut. Sie vereint persische, maurische und türkische Elemente wie Spitzbogen, Minarette und Kuppeln. Den Innenraum schmücken kalligrafische Suren und Mosaike.

2 Flaschenband

Die Hauptkuppel der Moschee weist eine architektonische Besonderheit auf: Ihren Sockel ziert ein breites schwarzes Band aus übereinandergeschichteten Glasflaschen. Die Böden der Flaschen glitzern gleich unzähligen schwarzen und braunen Juwelen in der Sonne.

3 Kuppeln

Durch die aus der Türkei und dem Nahen Osten stammende Tradition, Moscheen mit Zwiebeltürmen zu versehen, heben sich die Gotteshäuser markant von den umliegenden flachen Bauten ab. Die goldene Kuppel *(links)* krönen Halbmond und Stern, die traditionellen Symbole des Islam.

4 Ausrichtung

Wie bei den meisten Moscheen weist die Gebetshalle der Masjid Sultan gen Mekka. Um die ideale Ausrichtung zu ermöglichen, wurde die North Bridge Road in einer Kurve um die Moschee herumgeführt.

Singapur entwickelte sich Anfang des 20. Jahrhunderts zu einem Zentrum für Kunst, Handel und Kultur des Islam.

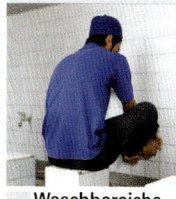

Waschbereiche

An zwei Stellen gibt es Waschgelegenheiten für Gläubige. Die rituelle Waschung *wudhu (oben)* soll vor dem Gebet Körper und Seele reinigen.

Gebetshalle

Die Gebetshalle *(Mitte)* bietet Platz für 5000 Gläubige. Sie ist Männern vorbehalten, Frauen halten sich auf der Galerie auf. Der Teppich in der Halle ist ein Geschenk eines saudi-arabischen Prinzen. Er zeigt dessen Wappen.

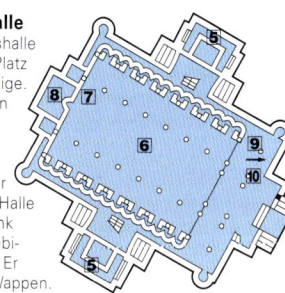

Minbar

Am Freitag, dem heiligen Tag der Muslime, hält der *imam* (Vorbeter) seine *khutba* (Predigt) in der für gewöhnlich brechend vollen Gebetshalle vom *minbar (unten)* aus. Die reich verzierte Kanzel dient allein der Freitagspredigt.

Mihrab

Der *mihrab* ist eine nach Mekka ausgerichtete Nische, von der aus der *imam* fünfmal täglich das Gebet der Gläubigen anführt. Den *mihrab* der Sultan-Moschee zieren goldene Motive mit aufwendigen Mustern.

Maqam

Im *maqam*, dem Mausoleum im hinteren Teil der Moschee, sind Mitglieder der königlichen Familie, darunter der Enkel von Sultan Hussein, bestattet. Sultan Hussein übergab Singapur 1819 an Sir Thomas Stamford Raffles.

Anbau

Moscheen dienen Muslimen in mehrfacher Weise – sie bieten Raum für Schulen, religiöse Feierlichkeiten und Versammlungen des Gemeinderats. Bei der Masjid Sultan erfüllt der im Jahr 1993 errichtete Anbau *(links)* diese Funktion.

Etikette

Nichtmuslime dürfen die Moschee, nicht aber die Gebetshalle betreten. Sie können jedoch von den Gängen und Höfen, die die Halle umgeben, einen Blick ins Innere werfen. Besucher müssen lange Hosen oder Röcke sowie die Schultern bedeckende Oberteile tragen. Wer nicht passend gekleidet ist, bekommt einen Umhang ausgehändigt. Schuhe werden vor dem Betreten der Moschee ausgezogen.

Weitere Gotteshäuser in Singapur **siehe S. 38f**

TOP10 Sri Veeramakaliamman Temple

Mitte des 19. Jahrhunderts bauten indische Arbeiter im heutigen Little India einen kleinen Hindu-Tempel. Der unscheinbare Bau wurde 1983 abgerissen, um Platz für einen größeren zu schaffen. Handwerker aus Indien arbeiteten drei Jahre an dem immens teuren Projekt. Da der Sri Veeramakaliamman Temple der Göttin Kali geweiht ist, verlassen ihn Hindus nach dem Gebet mit roter Asche auf der Stirn; wer Tempel für männliche Gottheiten besucht, erhält ein Mal aus weißer Asche. Die Tempelanlage ist eine der ältesten Singapurs und wird von den in der Stadt ansässigen Indern stark frequentiert.

Bildnis der Göttin Kali

⚡ Zu *Deepavali (siehe S. 45)*, dem höchsten Feiertag der in Singapur lebenden Hindus, ist der Tempel von kleinen Kerzen erleuchtet – ein Symbol für das ewige Licht der Seele.

🍽 Im dem Tempel gegenüber gelegenen Norris Road Coffee Shop kann man zusehen, wie *chapati* (indisches Fladenbrot) zubereitet wird, und es dann zu preisgünstigen Currys genießen.

• Karte F3
• 141 Serangoon Road
• 6295-4538
• tägl. 8–12.30 &
16–20.30 Uhr
• www.sriveeramakali
amman.com

Top 10 Eindrücke

1 Bildnis der Göttin Kali
2 Gopuram
3 Kokosnussknacken
4 Murugan
5 Dachfiguren
6 Altar der Neun Planeten
7 Ganesha
8 Sri Periachi
9 Waschung der Gottheiten
10 Sri Lakshmi Durgai

1 Bildnis der Göttin Kali

Die durch eine Figur am Hauptaltar dargestellte göttliche Mutter Kali steht für den Kreis des Lebens von der Geburt bis zum Tod, verkörpert aber auch den Kampf gegen das Böse. Der Name ist Sanskrit und bedeutet »unendliche Zeit«.

2 Gopuram

Unzählige Götterfiguren zieren den Torturm am Tempeleingang, den *gopuram (Mitte)*. Gläubige, die an Feiertagen im Tempel keinen Platz finden, erweisen diesen Figuren ihre Ehre.

3 Kokosnussknacken

Bevor Hindus den Tempel betreten, zertrümmern sie Kokosnüsse *(links)* in einer kleinen Metallkiste. Symbolisch werden damit Hindernisse zerschlagen, die die spirituelle Konzentration stören. In die Nüsse eingeritzte Augen »erkennen« die Widerstände auf auf dem Weg des Gläubigen und zerstören sie.

➡ *Der Name Veeramakaliamman bedeutet »Kali, die Mutige«.*

Murugan

Der sechsköpfige Gott des Krieges soll jenen, die ihn anbeten, großen Erfolg bringen. Die Gottheit wird vorwiegend von Tamilen verehrt, die die Mehrheit der indischen Bevölkerung Singapurs bilden.

Dachfiguren

Geschnitzte Figuren auf dem Dach des Haupttempels erzählen Geschichten der Hindu-Überlieferung, etwa wie Ganesh *(unten)* zu seinem Elefantenkopf kam.

Altar der Neun Planeten

An dem Altar *(links)*, der alle neun Planeten zeigt, beten Gläubige zu ihrem Sternzeichen. Nahe gelegene Schmuckläden bieten Ringe mit neun nach den Sternzeichen angeordneten Steinen an.

Ganesha

Der elefantenköpfige Ganesha *(unten)* ist die meistverehrte Gottheit der Hindus. Als Beseitiger von Hindernissen wird er zu Beginn eines Gebets angerufen, um den Kopf frei zu bekommen. Er wird auch bei geplanten Lebensveränderungen konsultiert.

Sri Periachi

In einer Ecke der Anlage steht die Statue der Sri Periachi *(oben)*. Die Göttin der Fruchtbarkeit, der sicheren Geburt und der Gesundheit von Neugeborenen zeigt traditionell ein drastisch blutiges, grimmiges Aussehen, um böse Geister abzuwehren.

Waschung der Gottheiten

Rechts vom Hauptaltar nimmt ein kleiner Ausguss das Wasser auf, das die Gottheiten beim morgendlichen Reinigungsritual *(unten)* benetzt. Das Wasser gilt als heilig und wird bei der Andacht verwendet.

Sri Lakshmi Durgai

Während viele Darstellungen hinduistischer Gottheiten aggressiv wirken, erscheint Sri Lakshmi Durgai stets schön und anmutig. Der Glaube der Hindus besagt, dass die drei Augen und 18 Arme der Göttin all jenen Frieden und Freude bringen, die sie anbeten.

Etikette

Besucher müssen angemessene Kleidung tragen, die Schultern und Beine bedeckt. Schuhe werden vor dem Betreten des Tempels ausgezogen. Da in der indischen Kultur die linke Hand als unrein gilt, ist es unhöflich, damit auf Personen oder heilige Gegenstände zu zeigen. Wer auf etwas deuten möchte, sollte die offene rechte Hand benutzen. Während des Besuchs sollten Handys ausgeschaltet sein.

Der Sri Thendayuthapani ist ein weiterer hinduistischer Tempel in Singapur **siehe S. 39**

⓾ Singapore Botanic Gardens

Der Park, einer der schönsten botanischen Gärten Südostasiens, zählt als erste Stätte Singapurs seit Juli 2015 zum UNESCO-Welterbe. Pfade schlängeln sich durch eine Tropenlandschaft, die die Lebensräume und Artenvielfalt der Region repräsentiert. Neben Alleen mit Siegelwachspalmen und Frangipanis birgt der Garten Wiesen mit Bäumen und Skulpturen. An Wochenenden lockt er viele Familien, Jogger und Hundebesitzer an, an Werktagen ist er eine Oase der Ruhe. Der 1859 als Lustgarten angelegte Park diente auch dem gewerblichen Anbau von Gewürzen und Kautschuk.

Spaß im Jacob Ballas Children's Garden

🎵 Das Singapore Symphony Orchestra gibt gelegentlich kostenlose Freilichtkonzerte auf der Shaw Foundation Symphony Stage. Informationen bieten die Besucherzentren und die Website der Singapore Botanic Gardens.

🍴 Das vom Grün des Ginger Garden umgebene Halia *(siehe S. 101)* eignet sich hervorragend für ein Mittagessen.

• Karte S2 • 1 Cluny Road • 6471-7361
• tägl. 5–24 Uhr
• Eintritt frei
• National Orchid Garden: tägl. 8.30–19 Uhr; Eintritt: Erwachsene 5 S$, Studenten & Senioren (ab 60 Jahre) 1 S$, Kinder unter 12 Jahren frei • Jacob Ballas Children's Garden (für Kinder bis 12 Jahre in Begleitung eines Erwachsenen): Di–So 8–19 Uhr; frei
• www.sbg.org.sg

Top 10 Gartenpracht

1. National Orchid Garden
2. Vanda Miss Joaquim
3. Healing Garden
4. Palm Valley
5. Skulpturen
6. Regenwald
7. Seen
8. Pavillon
9. Ginger Garden
10. Jacob Ballas Children's Garden

1 National Orchid Garden

In der schönen, 1995 eröffneten Anlage gedeihen über 1000 Orchideenarten und 2000 Hybriden. Einige Hybriden sind nach Staatsoberhäuptern und internationalen Würdenträgern, die den Garten besuchten, benannt *(siehe S. 42)*.

2 Vanda Miss Joaquim

Bis heute ist nicht klar, ob Miss Agnes Joaquim diese Kreuzung in den Farben Rosa, Lila und Orange 1893 entdeckte oder züchtete. Jedenfalls wurde die zauberhafte Orchidee *(links)* 1981 zur Nationalblume Singapurs gekürt.

3 Healing Garden

Die Umrisse des Gartens *(rechts)*, in dem etwa 500 Arten von Heilpflanzen wachsen, entsprechen der Form des menschlichen Körpers. Die Pflanzen sind thematisch nach ihren jeweiligen Wirkungsbereichen angeordnet.

➤ *Der Healing Garden kann täglich von 5 bis 19.30 Uhr bei kostenlosem Eintritt besucht werden.*

Palm Valley

Das Areal entstand 1879, nachdem die Kolonialherren die Parkverwaltung übernommen hatten. Es birgt über 220 Palmenarten, darunter Talipot-Palmen und die »Baum der Reisenden« genannte Art mit ihren fächerförmigen Blättern.

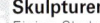

Skulpturen

Einige Skulpturen spiegeln die Aktivitäten der Familien, die an den Wochenenden den Park besuchen. *Freude (links)* steht am Swan Lake, das *Mädchen auf dem Fahrrad* scheint auf einer Hecke zu fahren, das *Mädchen auf der Schaukel* schwebt hoch in der Luft.

Regenwald

Die Gartenplaner würdigten die Bedeutung des heimischen Walds, indem sie einen Teil des Regenwalds erhielten. Die uralten Bäume in diesem Bereich *(oben)* gedeihen bis heute.

Seen

Im Park gibt es drei Seen: Der Swan Lake ist nach den weißen Schwänen benannt, die ihn bevölkern. Am Eco Lake tummeln sich Enten und Trauerschwäne. Am Symphony Lake *(oben)* finden Konzerte statt.

Pavillon

Der achteckige Pavillon *(Mitte)* wurde in den 1930er Jahren für Konzerte von Militärkapellen errichtet. Auch wenn er heute nicht mehr diesem Zweck dient, ist er ein markantes Wahrzeichen des Botanischen Gartens.

Jacob Ballas Children's Garden

Der Spielplatz ermuntert Kinder, sich spielerisch der Biologie anzunähern und die Rolle von Pflanzen und Wasser im Alltag zu entdecken. Eltern sollten für reichlich Sonnenschutz und Kleidung zum Wechseln sorgen.

Ginger Garden

In dem Areal sind nicht nur 550 verschiedene Arten Ingwer, sondern auch andere Zier- und Nutzpflanzen wie Lilien und Gelbwurz (Kurkuma) zu sehen. Der Wasserfall *(unten)* ist ein beliebtes Fotomotiv.

»Mad« Ridley

Der junge britische Botaniker Henry Ridley wurde 1888 zum ersten Direktor der Singapore Botanic Gardens ernannt. Er widmete sich 23 Jahre lang dem Ausbau der Anlage. Ende des 19. Jahrhunderts ersann er eine Methode zur Kautschukgewinnung, die die Bäume nicht schädigt. Er setzte sich bei den Plantagenbesitzern mit so großer Leidenschaft für seine Methode ein, dass er als »Mad Ridley« in die Geschichte einging.

In den Singapore Botanic Gardens werden auch Führungen und Workshops für Erwachsene und Kinder angeboten.

Top 10 Singapore Zoo & Night Safari

Singapore Zoo & Night Safari zählen zu den meistbesuchten Attraktionen Singapurs. Die großräumigen Gehege, die natürlichen Lebensräumen nachempfunden sind, beherbergen rund 3000 Tiere. Oft teilen sich Arten, die in freier Wildbahn zusammenleben, eine Anlage. Der Zoo legt großen Wert auf Artenschutz und ökologische Belange. Er hält vor allem Tiere, für die das Klima Singapurs geeignet ist. Durch Programme, Informationstafeln, interaktive Exponate und Vorführungen erhalten Besucher englischsprachige Informationen über die einzelnen Tiere und deren Lebensgewohnheiten.

Bunter Ara

Schabrackentapire bei der Night Safari

🦋 Im Zoo sind Insektenschutz und Sonnencreme erhältlich.

🍽 Restaurants bieten asiatische und westliche Küche. Das Jungle Breakfast wird im Ah Meng Restaurant serviert (tägl. 9–10.30 Uhr; 33 S$, Kinder (6–12 Jahre) 23 S$).

• Karte S1 • 80 Mandai Lake Road • 6269-3411
• Singpore Zoo: tägl. 8.30–18 Uhr; Eintritt: Erwachsene 32 S$, Senioren 14 S$ Kinder (3–12 Jahre) 21 S$; www.zoo.com.sg
• Night Safari: tägl. 19.30 Uhr–24 Uhr (Läden & Restaurants ab 17.30 Uhr) Eintritt (inkl. 1 Tramfahrt): Erwachsene 42 S$, Senioren 18 S$, Kinder (3–12 Jahre) 28 S$; www.nightsafari.com.sg
• Park-Hopper-Ticket (für den Besuch beider Parks innerhalb von 7 Tagen) Erwachsene 71 S$, Kinder (3–12 Jahre) 47 S$

Top 10 Tierleben

1. Fragile Forest
2. Jungle Breakfast
3. Elephants of Asia
4. Free-Ranging Orang Utan
5. Amphitheater
6. Night Safari
7. Tram Safari
8. Walking Trails
9. Great Rift Valley of Ethiopia
10. Wild Africa

1 Fragile Forest
In dem riesigen Glashaus wurde eine Regenwaldlandschaft nachgebildet. Besucher können das natürliche Verhalten von Kattas (oben), Faultieren, Flughunden und weiteren Tieren beobachten.

2 Jungle Breakfast
Das Frühstück inmitten verspielter Orang-Utans und anderer freundlicher Zoobewohner ist eine der beliebtesten Attraktionen. Morgens ist es wegen der kühleren Temperaturen im Zoo sehr angenehm.

3 Elephants of Asia
Besucher können auf Elefanten reiten (links) oder sie von erhöhten Holzstegen aus beobachten. Bei der Show »Elephants at Work and Play« demonstrieren die Tiere ihre Intelligenz und Kraft.

 Von den aufgeführten Attraktionen beziehen sich 6, 7 und 8 auf die Night Safari, alle anderen finden sich im Singapore Zoo.

Free-Ranging Orang Utan
Bäume, Lianen und erhöhte Plattformen erlauben den Orang-Utans *(rechts)*, wie in ihrem natürlichen Lebensraum zu klettern und zu spielen.

Night Safari
Der Wildpark mit über 1000 Tieren bietet die seltene Gelegenheit, das Leben nachtaktiver Arten zu beobachten. Stündlich finden Aufführungen wie etwa die Thumbuakar-Show *(Mitte)* statt.

Amphitheater
Im Shaw Foundation Amphitheater wird »Rainforest Fights Back«, im Splash Amphitheater die »Splash Safari« mit Meerestieren gezeigt. Beide Shows widmen sich dem Artenschutz.

Tram Safari
Auf den 40-minütigen Fahrten durch sieben Bereiche – von den »Himalayan Foothills« bis zu den asiatischen Dschungeln – sind u. a. Tapire und Tiger *(unten)* zu sehen.

Walking Trails
Die vier Pfade bieten Blick auf gefährdete Arten wie Schuppentiere und Leoparden. Vom »Fishing Cat Trail« aus kann man die wendigen Fischkatzen beim Beutefang beobachten.

Great Rift Valley of Ethiopia
Hauptattraktion der preisgekrönten Anlage sind die rund 80 Paviane *(rechts)*. Außerdem sind Schabrackenschakale, Zebramangusten, Störche und Syrische Steinböcke zu sehen.

Wild Africa
Die Anlage zeigt den Lebensraum der afrikanischen Savanne. Sie beherbergt Raubtiere und deren Beutetiere. Von erhöhten Plattformen aus kann man Giraffen *(links)*, aus einer Hütte Schimpansen beobachten.

Parkführer
Die benachbarten Parks Singapore Zoo & Night Safari werden vom Wildlife Reserves Singapore Conservation Fund betrieben. Den Zoo erkundet man am besten zu Fuß. Für Fahrten mit der kleinen Bahn muss eine zusätzliche Gebühr entrichtet werden. Bei der Night Safari ist eine Rundfahrt mit der Tram im Eintrittspreis enthalten. Die Tram hält an mehreren Stellen, damit Besucher aussteigen und die Walking Trails erkunden können.

Wer den Spielplatz Rainforest Kidzworld mit den Wasserrutschen besuchen will, sollte Badebekleidung nicht vergessen.

Singapore Flyer

Der Singapore Flyer ist mit einer Höhe von 165 Metern das größte Riesenrad Asiens und das zweitgrößte der Welt. Jede der 28 klimatisierten Kabinen bietet 28 Fahrgästen Platz, die Rundumsicht auf die Stadt und das Umland sowie auf die Nachbarstaaten Indonesien und Malaysia genießen. An klaren Tagen reicht der Blick bis zu 50 Kilometer weit, im Osten lässt sich der Tower des Flughafens ausmachen. Nach buddhistischem Glauben bringt die Form des Rads Glück, nach Feng-Shui-Aspekten wirkt sich dessen Drehbewegung günstig auf Singapur aus.

Fahrgäste in einer Kabine des Singapore Flyer

🅐 In dem dreistöckigen Gebäude unterhalb des Singapore Flyer gibt es eine Reihe Restaurants, Cafés und Geschenkeläden und sogar ein Spa.

🅑 Am Fuß des Riesenrads bietet der im Stil der 1960er Jahre gestaltete Singapore Food Trail beliebte Imbissgerichte.

• *Karte P3*
• *30 Raffles Avenue*
• *6333-3311*
• *tägl. 8.30–22.30 Uhr (Tickets 8–22 Uhr)*
• *Eintritt: Erwachsene 33 S$, Senioren (ab 60 Jahre) 24 S$, Kinder (3–12 Jahre) 21 S$*
• *MRT (Circle Line) bis Promenade, dann 5 Minuten zu Fuß (Exit A) oder MRT bis Bras Basah, dann Bus 106, 111 oder 133 bis Temasek Avenue*
• *www.singaporeflyer. com*

Top 10 Ansichten

1. Marina Barrage
2. Skyline
3. Singapore River
4. Padang
5. Keppel Harbour
6. Schifffahrtswege
7. East-Coast-Viertel
8. Kallang River Basin
9. Kampong Glam
10. Indonesien & Malaysia

1 Marina Barrage
Durch ein groß angelegtes Bauprojekt entstanden der 2008 eröffnete Staudamm Marina Barrage und ein Süßwasserreservoir mitten in der Stadt. Die Bucht säumen Bürotürme, Hochhäuser mit Luxuswohnungen und eine Reihe von Freizeiteinrichtungen.

2 Skyline
Über dem Finanzdistrikt Shenton Way *(unten)* ragen die höchsten Wolkenkratzer der Stadt auf: One Raffles Place, Republic Plaza und die Türme der UOB Plaza One. Das Ufer ist von traditionellen Flachbauten gesäumt.

3 Singapore River
Der Fluss *(siehe S. 10f)* durchschneidet die Innenstadt. Er trennt das Finanzviertel Shenton Way von der Gegend um das Empress Place Building. Die ehemaligen Lagerhäuser am Singapore River bergen nun Restaurants und Bars.

Der Singapore Flyer benötigt für eine Umdrehung rund 30 Minuten.

Padang

Der Sportplatz Padang ist vom Riesenrad aus nicht zu sehen, wohl aber die umliegenden historischen Bauten wie das Old Parliament House *(siehe S. 85)*, der ehemalige Supreme Court, die St Andrew's Cathedral und Esplanade – Theatres on the Bay *(oben)*.

Keppel Harbour

Die Hafenanlage ist seit über einem Jahrhundert in Betrieb. Keppel Harbour zählt heute zu den verkehrsreichsten Häfen auf der ganzen Welt.

Schifffahrtswege

Unzählige Tanker und kleine Schiffe befahren die Gewässer rund um Singapur *(oben)*. Alle sind auf dem Weg zum Keppel Harbour oder haben den Hafen gerade verlassen.

East-Coast-Viertel

Hochhäuser mit Eigentums- und Sozialwohnungen *(oben)* prägen die ganze Stadt. Dazwischen erstrecken sich jedoch einige historisch bedeutende Viertel wie Katong und Geylang.

Kallang River Basin

Östlich des Singapore Flyer fließt der Kallang River. Er bietet Wassersportmöglichkeiten wie Kajakfahren und Wasserski. Am Kallang River Basin befindet sich auch die hochmoderne Sportstätte Singapore Sports Hub.

Indonesien & Malaysia

Jenseits der Schifffahrtswege im Süden Singapurs sind einige indonesische Inseln zu sehen. Im Osten erkennt man in der Ferne die Berge des malaysischen Bundesstaats Johor.

Kampong Glam

In Kampong Glam, dem traditionellen Zentrum muslimischen Lebens in Singapur, glänzen die goldenen Kuppeln der Masjid Sultan *(siehe S. 14f)* im Sonnenlicht *(unten)*.

Luxusfahrten

Die im Singapore Flyer angebotenen Luxusfahrten sind ein unvergessliches Erlebnis: Beim Moët & Chandon Champagne Flight genießt man zur Aussicht Champagner, beim Signature Cocktail Flight eine besondere Cocktail-Kreation. Beim World's First Full Butler Sky Dining wird während zwei Umdrehungen des Flyers ein Vier-Gänge-Menü inklusive Wein serviert.

TOP 10 Raffles Hotel

Hinter der Fassade des Grandhotels erstreckt sich ein Labyrinth von Veranden und tropischen Innenhöfen. Das Hotel wurde 1887 von den vier armenischen Brüdern Martin, Tigran, Aviet und Arshak Sarkies als Strandbungalow gegründet und über die Jahre ausgebaut. Da das Haus zum 100-jährigen Bestehen unter Denkmalschutz gestellt wurde, wurde es von den Modernisierungswellen der Stadt verschont. Nach millionenschwerer Restaurierung erstrahlt das Hotel wieder in kolonialem Glanz. Auch die vielen Restaurants, Boutiquen, Galerien, Bars und das hauseigene Museum machen das Raffles zu einer Attraktion.

Jubilee Hall

🍸 **Die Long Bar lockt mit verführerischen Cocktails wie Singapore Sling, Million Dollar Cocktail oder Tiger Lily.**

☕ **Für ein frühes Frühstück im spät erwachenden Singapur serviert Ah Teng's Bakery ab 7.30 Uhr guten Kaffee und feines Gebäck.**

• Karte M1
• 1 Beach Road
• 6337-1886
• Museum: tägl. 10–19 Uhr; Eintritt frei
• www.raffles.com/singapore

Top 10 Kolonialpracht

1. Hotel
2. Long Bar
3. Architektur
4. Bar & Billiard Room
5. Writers Bar
6. Restaurants & Bars
7. Souvenirladen
8. Jubilee Hall
9. Tiffin Room
10. Museum

1 Hotel

Charakter und Opulenz haben ihren Preis, doch die Kombination von Historie, Luxus und Kolonialambiente des Raffles Hotel ist einzigartig. Die im traditionellen Stil der Sikhs gekleideten Portiers posieren geduldig für Fotos.

2 Long Bar

In der Bar *(links)* wurde der Singapore Sling erfunden. Außergewöhnlich ist, dass es hier gestattet ist, Erdnussschalen auf den Boden zu werfen. Die Cocktails sind oft vorgemixt, bei wenig Betrieb kann man um frisch zubereitete bitten.

3 Architektur

Durch eine drei Jahre währende, 160 Millionen S$ teure Renovierung wurde der Glanz des Raffles Hotel wiederhergestellt, neue Läden und Suiten wurden hinzugefügt. 1991 wurden das Hotel und die Arkaden wiedereröffnet und zeigen die gleiche Pracht wie Anfang des 20. Jahrhunderts.

➤ *Der rosafarbene Cocktail Singapore Sling wurde 1915 von dem Barkeeper Ngiam Tong Boon erfunden.*

4 Bar & Billiard Room
Es heißt, der letzte Tiger Singapurs wurde in diesem Raum 1902 unter einem Billardtisch *(oben)* erlegt. Heute werden im Billiard Room Büfetts serviert, Tiger sind nur noch als Biermarke vertreten.

5 Writers Bar
In der eleganten Bar in der Lobby kann man bei einem Singapore Sling in den Büchern berühmter Hotelgäste wie William Somerset Maugham, Joseph Conrad und Rudyard Kipling blättern. Der Hauspianist verfügt über ein großes Repertoire.

6 Restaurants & Bars
Sämtliche Restaurants des Raffles Hotel erfüllen die höchsten Standards. Ah Teng's Bakery lockt mit köstlichem Gebäck, Raffles Grill *(oben)* bietet zeitgenössische französische Küche.

7 Souvenirladen
Das Palmenmotiv des Raffles ziert alle Produkte der exklusiven Hotelboutique *(oben)* – von Hüten bis zu Pantoffeln. Die Flaschen mit Zutaten für Singapore Slings sind beliebte Souvenirs *(siehe S. 88)*.

8 Jubilee Hall
Das Theater in der Raffles Arcade wurde von dem New Yorker Bühnenexperten Charles Cosler im viktorianischen Stil gestaltet. Die Aufführungen, Konzerte und Filmvorführungen sind beliebt. Programme sind an der Rezeption erhältlich.

10 Museum
Das kleine Museum beleuchtet die Geschichte des Hotels von den Anfängen bis zur Wiedereröffnung. Es zeichnet ein faszinierendes Bild von Singapur vor dem Krieg. Fotos, Briefe und Reiseandenken erinnern an die Glanzzeit des Hauses.

9 Tiffin Room
Zu den Traditionen, die im Raffles Hotel bis heute gepflegt werden, zählt der im Tiffin Room *(unten)* zelebrierte, vornehme High Tea. Zu einer Auswahl feiner Pascal-Hamour-Tees werden Sandwiches und Gebäck wie Scones mit *clotted cream* (dicker Sahne) gereicht.

Berühmte Gäste
Zu den prominenten Gästen des Raffles Hotel zählen Schriftsteller, Schauspieler und Sänger aus allen Epochen. Rudyard Kipling und Joseph Conrad machten das Haus bei Poeten populär, William Somerset Maugham folgte. In den 1950er Jahren machte Anthony Burgess auf dem Weg nach Malaya Station. Frühen Hollywood-Stars wie Charlie Chaplin und Maurice Chevalier folgten nach dem Krieg Noël Coward, Elizabeth Taylor und Ava Gardner.

 Weitere Luxushotels in Singapur **siehe S. 114**

🔟 Sentosa

Die von Singapur aus leicht zu erreichende Insel ist ganz der Erholung gewidmet. Die Attraktionen – vom preisgekrönten Spa über einen Golfplatz bis zum Yachthafen – bieten etwas für jeden Geschmack. Die hübschen künstlichen Strände säumen grüner Regenwald, Bars, Restaurants und Freizeiteinrichtungen. Der ursprüngliche Inselname, Pulau Belakang Mati, bedeutet so viel wie »Insel mit dem Tod im Rücken«. Er rührt wohl von den einstigen Piratenüberfällen her. Der heutige Name Sentosa steht für »Ruhe« und »Frieden«.

Merlion

Underwater World

🎧 **Coastes am Siloso Beach bietet tagsüber internationale Speisen und wird abends zum Club.**

• Karte S3/T3 • 6736-8672 • Sentosa Boardwalk: tägl. 24 Std. (Rollsteige 7–24 Uhr), frei; Sentosa Express: tägl. 7–24 Uhr, Erwachsene & Kinder ab 3 Jahren 4 S$ • Singapore Cable Car: tägl. 8.45–22 Uhr, Erwachsene 29 S$, Kinder (3–12 Jahre) 18 S$; www.sentosa.com.sg • Skyline Luge Sentosa: 45 Siloso Beach Walk; 6274-0472; tägl. 10 Uhr–ca. 21.30 Uhr; Erwachsene 17 S$, Kinder 3 S$ (Ermäßigungen bei mehreren Fahrten) • Sentosa 4D AdventureLand: 51B Imbiah Road; 6274-5355; tägl. 10–21 Uhr; Eintritt: Erwachsene 38,90 S$, Kinder (3–12 Jahre) 26,90 S$ • Sentosa Golf Club: 27 Bukit Manis Road; 6275-0090 • So SPA: The Singapore Resort & Spa Sentosa; 2 Bukit Manis Road; 6371-1288; tägl. 10–21 Uhr

Top 10 Inselflair

1. Images of Singapore LIVE
2. Underwater World
3. Skyline Luge Sentosa
4. Sentosa 4D AdventureLand
5. Nature Walk
6. Siloso Beach
7. Fort Siloso
8. Sentosa Golf Club
9. So SPA
10. Singapore Cable Car

1 Images of Singapore LIVE

Das Museum *(unten)* widmet sich der Geschichte und der Vielfältigkeit Singapurs. Die Spezialeffekte, die die Werte illustrieren, die Singapurs Gesellschaft prägen, begeistern Kinder *(siehe S. 37).*

3 Skyline Luge Sentosa

Luges *(rechts)*, eine Mischung aus Schlitten und Gokart, bereiten allen Altersgruppen Spaß. Der Skyride-Sessellift bringt Besucher auf den Berg hinauf, dann geht es sausend hinab. Temporegler sorgen für Sicherheit.

2 Underwater World

Die begehbaren Haitanks und weiteren Meeresbecken sollte man früh am Tag besuchen. Das Spa bietet »Fish Reflexology«, bei der Fische an den Zehen knabbern, bis ein menschlicher Masseur übernimmt *(siehe S. 50).*

→ *Sentosa diente bis 1967 den Briten als Militärstützpunkt, ab den 1970er Jahren wurde sie zum Naherholungsgebiet ausgebaut.*

Sentosa 4D AdventureLand
Südostasiens erstes 4-D-Kino hat ein hochmodernes digitales Projektionssystem. Surround-Sound, Effekte und Sitze, die sich zur Leinwandhandlung mitbewegen, machen den Spaß perfekt.

Nature Walk
Mit etwas Glück kann man im Wald von Sentosa Makaken, Weißhaubenkakadus und fleischfressende Pflanzen sehen. Auch wenn er nicht mit einem Besuch von Naturreservaten wie Bukit Timah *(siehe S. 97)* vergleichbar ist, lohnt sich der 30-minütige Spaziergang.

Siloso Beach
An dem Strand *(Mitte)* treffen sich die Jungen und Schönen zum Beachvolleyball und zum Sonnenbaden. Einige Läden und Bars haben auch tagsüber geöffnet – nach Sonnenuntergang herrscht Partystimmung.

Fort Siloso
In der Festung veranschaulichen moderne Effekte wie Gefächtslärm das Leben der Soldaten in der Kolonialzeit *(oben)*. Auch Japans Kapitulation *(siehe S. 41)* ist dargestellt *(siehe S. 40)*.

Sentosa Golf Club
Der Club bietet zwei anspruchsvolle Golfplätze mit herrlichem Blick auf den Hafen. Der Tanjong Course verfügt über natürliche Seen und einen Flusslauf. Der Serapong Course ist Austragungsort der Singapore Open.

So SPA
Die weltweit größte Wellnessoase der Kette befindet sich in den historischen Räumlichkeiten des einstigen Spa Botanica. Sie bietet 14 Behandlungsräume, sechs Pavillons im Außenbereich und weitere Einrichtungen.

Singapore Cable Car
Die aufregendste Art, Sentosa zu erreichen, bietet die Seilbahn. Die Kabinen schweben von Mount Faber oder Harbour Front über das Wasser zum Imbiah Lookout. Der Blick auf den Hafen und die Inseln ist dabei einzigartig.

Reise-Infos

Die Fahrt mit dem Sentosa Express von der Sentosa Station an der VivoCity zur Beach Station ist schnell und preiswert. Auf Sentosa verkehren die kostenlosen Buslinien 1, 2 und 3 sowie die Sentosa Beach Tram. Zu Fuß erreicht man die Insel über den Sentosa Boardwalk. Passagiere von Mietwagen, Taxis und Bussen müssen an den Ticketschaltern vor Sentosa eine Gebühr entrichten.

 Folgende Doppelseite **Strandidyll auf Sentosa**

Links **Nachgestellte Kapitulation gegenüber Japan 1942** Rechts **Eröffnung des Suezkanals 1869**

Historische Ereignisse

1 1390: Iskandar Shah
Der entthronte Prinz Iskandar Shah erklärte sich zum Herrscher über die Insel Temasek. Der Sage nach gab er ihr nach einer löwenähnlichen Kreatur, die er entdeckte, den Namen *Singapura* (»Löweninsel«). Sein Grab soll sich im Keramat bei Fort Canning befinden *(siehe S. 42)*.

2 1819: Ankunft Sir Stamford Raffles'
Raffles kam auf der Suche nach neuen Handelsplätzen für die East India Company nach Singapur. Überzeugt von dem strategischen Wert der Insel bewegte er deren Obrigkeit dazu, Großbritannien die exklusiven Handelsrechte zu übertragen.

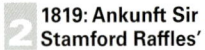
Porträt von Sir Thomas Stamford Raffles

3 1824: East India Company
Die East India Company sicherte sich die unangefochtene Herrschaft über die Insel. Der zollfreie Handel war verlockend und die kleine Siedlung Singapur wuchs schnell zur Stadt an.

Erste Parlamentssitzung 1965

1826 wurde Singapur Hauptstadt der Straits Settlements, 1867 florierende britische Kronkolonie.

4 1869: Suezkanal
Die Eröffnung des Suezkanals in Ägypten sorgte für erweitertes Handelspotenzial, da der Schifffahrtsweg neue Märkte erschloss und die Route Europa–Asien verkürzte.

5 1873: Dampfschifffahrt
Mit der Erfindung von Dampfschiffen gingen zeitlich besser planbare Handelsfahrten einher. Singapur wurde schnell zu einem wichtigen Betankungshafen, in dem Tausende Arbeiter Kohle schaufelten.

6 1907: Kautschuk & Zinn
Neue Technologien erforderten neue Materialien. Aus den Kautschukpflänzlingen des Botanischen Gartens erwuchs Singapurs erste Kautschukplantage. Gleichzeitig entstand am Pulau Brani der erste Schmelzofen für Zinn, um die neue Konservenindustrie der USA zu versorgen.

7 1942: Zweiter Weltkrieg
Nachdem die HMS *Repulse* und die *Prince of Wales* bei einem Angriff der Japaner versenkt worden waren, zogen sich die britischen Truppen auf die malaiische Halbinsel zurück und sprengten den Damm, um die

Singapur hat sich in weniger als 200 Jahren von einer Provinzkolonie zur bedeutenden Industrienation entwickelt.

Der ehemalige Premierminister Lee Kuan Yew

Invasion aufzuhalten. Singapur fiel am 15. Februar 1942. Während der dreijährigen japanischen Besatzung starben in Singapur etwa 50 000 Menschen, die meisten davon waren Chinesen.

1959: Singapurs Selbstverwaltung

Nach jahrelangen Verhandlungen stimmten die Briten einer landesweiten Wahl zu. Sieger war die Mitte-links-Partei People's Action, die ein von Großbritannien unabhängiges Singapur versprach.

1959: Lee Kuan Yew

Lee Kuan Yew wurde am 3. Juni 1959 zum ersten Premierminister des Stadtstaates gewählt. Der als »Vater der Nation« verehrte Staatsmann trat 1990 zurück, blieb aber bis 2011 eine tragende Säule der asiatischen Politik.

1965: Unabhängigkeit Singapurs

Singapur wurde 1963 Teil der *Federation of Malaysia*. Politische und ethnische Spannungen führten 1964 zu Aufständen. Am 9. August 1965 erklärte Lee den Austritt aus dem Bündnis, die Republik Singapur war geboren.

Top 10 Literatur über Singapur

1 Rattenkönig von James Clavell
Clavell verarbeitete im Roman Erinnerungen an seine Kriegsgefangenschaft in Changi.

2 Lord Jim von Joseph Conrad
Ein Schiffsoffizier muss sich dafür verantworten, Passagiere im Stich gelassen zu haben.

3 Saint-Jack von Paul Theroux
Ein Einwanderer wird in Singapur Zuhälter.

4 Umzingelung von Singapur von JG Farrell
Der satirische Roman handelt von einer privilegierten Einwandererfamilie am Vorabend der japanischen Invasion.

5 Snake Wine: A Singapore Episode von Patrick Anderson
Von dem Porträt vom Singapur der 1950er Jahre ist heute nichts mehr zu entdecken.

6 First Loves von Philip Jeyaretnam
Die Erzählungen spielen im Schmelztiegel Singapur.

7 Little Ironies: Stories of Singapore von Catherine Lim
Die Kurzgeschichten behandeln Leben und Gesellschaft.

8 The Singapore Story: Memoirs of Lee Kuan Yew
Der erste Premierminister beleuchtet prägende Ereignisse.

9 A History of Singapore von C. M. Turnbull
Die Geschichte reicht von der Ankunft Raffles' bis 1988.

10 Rogue Trader von Nick Leeson
Leeson erzählt, wie er eine Milliarde Dollar verliert und vier Jahre in Changi verbringt.

 James Clavells Roman Rattenkönig *wurde 1965 unter dem Titel* Sie nannten ihn King *verfilmt.*

Links **Löwentanz zum Chinesischen Neujahr** Rechts **Traditioneller malaiischer Kopfschmuck**

TOP 10 Volksgruppen

1 Chinesen – Hoklo
Chinesen bilden die Mehrheit (77 Prozent) der Bevölkerung Singapurs. Etwa die Hälfte davon gehört der ethnischen Gruppe der Hoklo aus der südchinesischen Provinz Fujian an. Ihre Muttersprache ist Hokkien. Der Thian Hock Keng Temple wurde von Hoklo erbaut *(siehe S. 12f)*.

2 Chinesen – weitere Sprachgruppen
Teochew-Chinesen bilden 21 Prozent, Kantonesen aus der Provinz Guangdong 15 Prozent der chinesischen Bevölkerung. Sie brachten ihre Kochkunst und die chinesische Oper nach Singapur.

3 Malaien
Malaien sind die Ureinwohner Singapurs, bilden heute mit 13 Prozent aber eine Minderheit. Der Begriff »Malaie« ist nicht zu verwechseln mit »Malaysier«: Malaien sind ein Volksstamm, Malaysier die nördlichen Nachbarn Singapurs.

Eine Frau der Peranakan

4 Peranakan
Peranakan werden auch Baba-Nyonya oder »Straits-Chinesen« genannt. Diese ethnische Gruppe, die aus der Verbindung chinesischer Männer und malaiischer Frauen im kolonialen Südostasien entstand, ist für ihre Vielsprachigkeit und Multikulturalität bekannt. Das Peranakan Museum *(siehe S. 36)* widmet sich ihrer Kultur.

5 Inder – Hindus
Die ersten Inder kamen zeitgleich mit Raffles *(siehe S. 30)* nach Singapur. Viele waren Geschäftsleute und Finanziers, die an Singapurs Aufbau mitwirkten. Heute stellen Inder etwa neun Prozent der Bevölkerung, über die Hälfte sind Hindus.

6 Inder – Sikhs
Die aus dem indischen Bundesstaat Punjab stammende kleine Gruppe ist an den traditionellen Turbanen zu erkennen. Da Sikhs als besonders tapfer galten, wurden sie von den Briten als Sicherheitskräfte eingesetzt.

7 Tamilen
Ein Viertel der indischen Einwohner Singapurs sind Muslime, die meisten davon aus Südindien

Hindu-Priester und Gläubige in einem Tempel

Religiöse Stätten in Singapur **siehe S. 38f**

Freitagsgebet in der Sultan-Moschee

und dem Norden Sri Lankas stammende Tamilen. Tamil ist neben Englisch, Malaiisch und Mandarin Amtssprache Singapurs.

Eurasier
In der Kolonialzeit entstanden aus Ehen zwischen Einheimischen und Europäern zahlreiche Mischfamilien, die ihre eigenen Traditionen entwickelten. Obwohl heute viele Singapurer als Eurasier gelten, stirbt ihre Kultur mit dem Generationenwechsel aus.

Araber
Singapurs arabische Gemeinde ist klein, aber einflussreich. Die meisten Araber kamen aus Hadramaut im Jemen nach Singapur. Sie leiten Handelsfirmen oder betreuen in Hilfsorganisationen gemeinnützige Projekte wie den Bau von Schulen.

Ausländische Einwohner
Nahezu 20 Prozent der Bevölkerung Singapurs sind Fremdarbeiter von den Philippinen, aus Indonesien und Bangladesch, die meist niedere Arbeiten verrichten. Büroangestellte kommen oft aus Nordamerika, Australien und Europa, vor allem aber aus China und Indien.

Top 10 Wörter auf »Singlish«

1 aiyoh
Dieser Mandarin-Ausruf drückt Überraschung oder Besorgnis aus.

2 alamak
Der malaiische Ausdruck der Überraschung heißt wörtlich »Mutter Gottes«.

3 ang moh
Die Worte stammen aus dem Hokkien-Dialekt, heißen »rotes Haar« und sind gleichbedeutend mit »weißer Haut«. Der Ausdruck ist nicht abfällig.

4 chope
»To *chope* a table« heißt z. B., einen Tisch in einem Food Court zu »reservieren«, indem man ein Päckchen Papiertaschentücher darauflegt.

5 die-die
Die Abwandlung des englischen »to die« für »sterben« bedeutet »todsicher«.

6 face
»Gesicht« meint hier das Ansehen einer Person. Begriffe wie »save face« oder »give face« sind Ausdrücke für den Respekt gegenüber Älteren und Vorgesetzten.

7 goondu
Das tamilische *goondu* heißt »schwerer Stein« und bedeutet »Idiot«.

8 kiasi
Mit dem Wort *kiasi* für »Todesangst« beschreibt man jemanden, der nichts wagt.

9 kiasu
Kiasu ist das Hokkien-Wort für »die Angst, zu verlieren«. Es beschreibt jemanden, der Konfrontationen meidet. Wie *kiasi* ist es ein für Singapurer häufig gebrauchtes Attribut.

10 lah
Wie *lor*, *meh* und *mah* ist *lah* ein Wort des Nachdrucks.

»Singlish«, eine Abwandlung der englischen Sprache mit Anleihen aus dem chinesischen Dialekt Hokkien, ist Singapurs Lokalidiom.

Links **CHIJMES** Rechts **City Hall mit Supreme Court**

Architektur

1 Old Parliament House

Singapurs ältestes Gebäude stammt von 1827. Es wurde als Privathaus irrtümlich auf einem für Regierungsbauten reservierten Grundstück errichtet und nachträglich von der Kolonialverwaltung übernommen. Der Architekt G. D. Coleman entwarf das Gebäude in palladianischem Stil mit Veranden, hohen Decken und Torbogen, nach mehreren Renovierungen ist jedoch von der ursprünglichen Struktur nur noch wenig zu sehen *(siehe S. 85)*.

2 Empress Place Building

Das Gebäude im palladianischen Stil wurde 1867 von der Regierung für ihre Verwaltung errichtet. Aufgrund seiner Lage an der Mündung des Singapore River war es das erste Bauwerk, das Reisende bei ihrer Ankunft in der Stadt sahen. Der Bau wurde viermal erweitert, der Originalcharakter blieb jedoch erhalten. Seit den 1990er Jahren ist das Asian Civilisations Museum in dem Haus ansässig *(siehe S. 85)*.

3 Victoria Theatre & Concert Hall

Die beiden Bauwerke wurden 1992 zum Nationaldenkmal erklärt. Sie zeigen den Stil der italienischen Renaissance, wie er im viktorianischen England beliebt war. Das Victoria Theatre wurde 1862 als Rathaus erbaut, 1905 entstand zu Ehren Queen Victorias das einst Memorial Hall genannte Gebäude *(siehe S. 85)*.

4 City Hall & Supreme Court

Die breiten Stufen und die Säulen der City Hall sind typisch für Regierungsgebäude aus den 1930er Jahren. Die Kuppel des benachbarten ehemaligen Supreme Court erinnert an die der Londoner St Paul's Cathedral. Seit 2015 ist in den Häusern die National Gallery Singapore untergebracht *(siehe S. 86)*.

5 St Andrew's Cathedral

Das an eine englische Pfarrkirche erinnernde anglikanische Gotteshaus *(siehe S. 38)* wurde aus *chunam*, einer Masse aus Muschelkalk, Eiweiß, grobem Zucker und gekochten Kokosnussschalen errichtet. Das aus British India stammende »Rezept« für dieses Baumaterial brachten indische Zwangsarbeiter nach Singapur. ⓢ *Karte M2 • 11 St Andrew's Road • 6337-6104 • Mo–Sa 9–17 Uhr • www.livingstreams.org.sg*

Reihenhäuser in der Emerald Hill Road

 Shophouses sind Reihenhäuser mit einer Ladenfront. Sie wurden von chinesischen Einwanderern in Singapur eingeführt.

Esplanade – Theatres on the Bay

CHIJMES (Convent of the Holy Infant Jesus)

Das Kloster wurde 1841 erbaut, 1856 kam ein Waisenhaus hinzu. 1903 wurde die Kapelle angefügt, deren Bogen und Säulen gotisches Flair haben. 1983 wurden in der Klosteranlage Clubs und Restaurants untergebracht *(siehe S. 38)*. ✪ *Karte M1 • 30 Victoria Street • 6337-7810 • www.chijmes.com.sg*

Istana & Sri Temasek

Der Istana (malaiisch »Palast«), 1869 als Gouverneursresidenz auf dem Hügel errichtet, vereint malaiische Palastarchitektur und italienische Renaissance. Sri Temasek diente einst als Sekretariat *(siehe S. 91)*. ✪ *Karte D3/D4 • Orchard Road • fünfmal im Jahr für Besucher geöffnet (8.30–18 Uhr; Eintritt) • www.istana.gov.sg*

Emerald Hill Road

Die Reihenhäuser aus der Vorkriegszeit zählen zu den ersten Privathäusern in Singapur, die unter Denkmalschutz gestellt wurden. Sie illustrieren die vielfältigen kulturellen Einflüsse ihrer Zeit. Bemerkenswert sind die Hausnummern 41, 77 & 79–81 *(siehe S. 91)*.

Tan House

Das 1900 erbaute Haus zeigt eine Mischung kultureller Einflüsse: europäische Säulen und Bogenfenster, chinesische grüne Fliesen über dem Portikus und malaiische Holzarbeiten an den Dachtraufen. ✪ *Karte F4 • 37 Kerbau Rd • für die Öffentlichkeit geschl.*

Esplanade – Theatres on the Bay

Das Aussehen des 2002 eröffneten Kulturzentrums *(siehe S. 46)* löste Debatten aus. Der Spitzname »Durian« entstand aufgrund der an die stachelige Frucht erinnernden Aluminiumplatten der Kuppel. ✪ *Karte N3 • 1 Esplanade Drive • 6828-8377 • Führungen: Di–Fr 9–16.30 Uhr • www.esplanade.com*

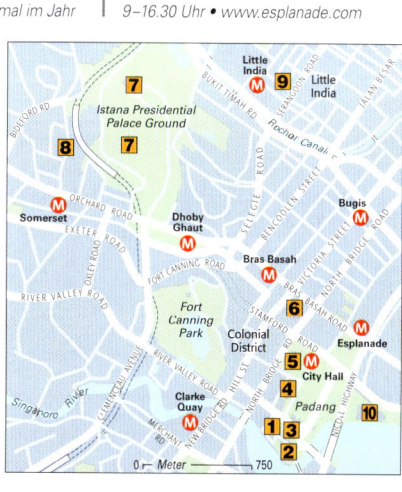

Links **Peranakan Museum** Mitte **Maritime Experiential Museum** Rechts **Changi Museum**

TOP10 Museen

1 National Museum of Singapore
Das älteste und beste Museum Singapurs dokumentiert die Geschichte des Inselstaats vom 14. Jahrhundert bis zur Gegenwart. Die kostenlosen Audioführer spielen zum Streifzug durch die Exponate Augenzeugenberichte ein *(siehe S. 8f)*.

2 Asian Civilisations Museum
Das im Empress Place Building *(siehe S. 34)* ansässige Museum widmet sich der Historie, Kunst und Kultur Asiens. Es präsentiert über 1300 Artefakte, darunter islamische Kunstwerke, indonesische Schreine und Textilien. In der Singapore River Gallery wird die Geschichte der Immigranten nachvollzogen, die sich am Fluss niederließen *(siehe S. 85)*.
◈ Karte M3 • 1 Empress Place • 6332-7798 • Sa–Do 10–19 Uhr, Fr 10–21 Uhr • frei (Eintritt für Sonderausstellungen) • www.acm.org.sg

3 Peranakan Museum
Das Museum ist den Peranakan, der ethnischen Gruppe, die aus Ehen zwischen malaiischen Frauen und Händlern aus China hervorging *(siehe S. 32)*, gewidmet. Beeindruckende Kunsthandwerksobjekte wie Schmuck, Mobiliar, Perlarbeiten und Porzellan machen die Verbindung der beiden Kulturen anschaulich.
◈ Karte L1 • 39 Armenian St • 6332-7591 • tägl. 10–19 Uhr (Fr bis 21 Uhr) • Eintritt • www.peranakanmuseum.org.sg

4 Singapore Art Museum
Die Sammlung moderner und zeitgenössischer asiatischer Kunst zählt zu den größten weltweit. Das Museum zeigt auch Werke zeitgenössischer internationaler Künstler und veranstaltet Vorträge *(siehe S. 87)*.

5 Malay Heritage Centre
Der ursprünglich als Residenz für den Sohn des Sultans erbaute Palast birgt ein den Malaien *(siehe S. 32)* gewidmetes Kulturzentrum. Die in neun Sälen auf zwei Etagen ausgestellten Exponate illustrieren die faszinierende Geschichte der Ureinwohner Singapurs. Hauptattraktion ist ein Modell, das die malaiische Siedlung von 1819 zeigt. Das Zentrum bietet auch Batik- und Töpferkurse für Kinder und Erwachsene an und ist Schauplatz kultureller Veranstaltungen *(siehe S. 77)*.

Malay Heritage Centre

  Die meisten Museen in Singapur sind für Rollstühle zugänglich. Es empfiehlt sich aber, vorab telefonisch Details zu erfragen.

Chinatown Heritage Centre

Dioramen in drei Shophouses veranschaulichen die Lebens-bedingungen der frühen chine-sischen Immigranten. Familien lebten auf engstem Raum und kämpften mit Armut, Krankheit und Opiumsucht. ❧ Karte K4
• 48 Pagoda Street • 6534-8942
• tägl. 9–20 Uhr • Eintritt • www.chinatownheritagecentre.sg

Modell einer Hindu-Hochzeit, Images of Singapore

Images of Singapore LIVE

Die multimedialen Exponate des preisgekrönten Museums il-lustrieren die Geschichte Singa-purs ab der Ankunft von Sir Tho-mas Stamford Raffles. Auch der Zustrom von Chinesen, Malaien und Indern sowie deren kulturel-ler Einfluss werden thematisiert. ❧ Karte S3 • 40 Imbiah Rd, Imbiah Look-out, Sentosa • 6715-4000 • Mo–Fr 10–19.30 Uhr, Sa & So 10–21 Uhr • Eintritt
• www.imagesofsingaporelive.com

Changi Museum

Das Museum erinnert an das Kriegsgefangenenlager in Changi, in dem im Zweiten Weltkrieg ca. 50 000 alliierte Soldaten und Zivi-listen interniert waren. ❧ Karte U2
• 1000 Upper Changi Rd North • 6214-2451 • tägl. 9.30–17 Uhr • frei

Maritime Experiential Museum

Das familienfreundliche Museum führt mit interaktiven Exponaten wie dem Typhoon Theatre mit 360-Grad-Sicht in die Meeresge-schichte Singapurs ein. Es zeigt auch Artefakte aus Schiffswracks und historische Wasserfahrzeu-ge. ❧ Karte S3 • 8 Sentosa Gateway
• 6577-8888 • variierende Öffnungszeiten
• Eintritt • www.rwsentosa.com

Sun Yat Sen Nanyang Memorial Hall

Das auch Wan Qing Yuan genann-te Haus war einst Hauptquartier des chinesischen Revolutionsfüh-rers Sun Yat-sen. Dessen Leben und Karriere sowie seine Konver-sion zum Christentum sind The-ma des Museums (siehe S. 98).

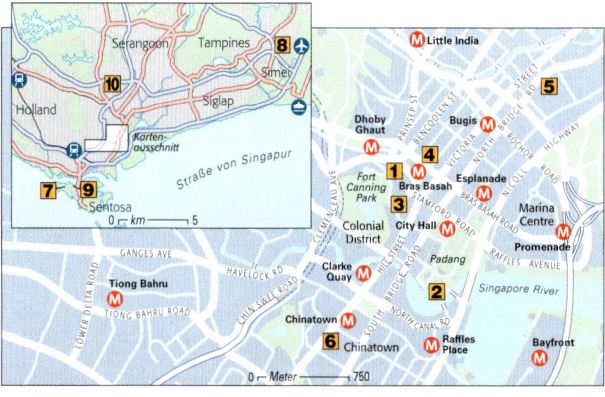

Links **Laternen in einem Tempel** Mitte **Telok-Ayer-Kirche** Rechts **Cathedral of the Good Shepherd**

Gotteshäuser

1 St Andrew's Cathedral

Sir Thomas Stamford Raffles wählte das Grundstück für die nach dem Schutzpatron Schottlands benannte, 1862 geweihte anglikanische Kirche aus. Im Inneren befinden sich der Canterbury Stone – ein Geschenk der Metropolitan Cathedral Church of Canterbury –, das aus versilberten Nägeln aus den Ruinen der Coventry Cathedral bestehende Coventry-Kreuz und ein Stück des Teppichs, der zur Krönung von Queen Elizabeth II in der Westminster Abbey lag *(siehe S. 34)*.

2 Armenian Apostolic Church of St. Gregory the Illuminator

Das 1835 geweihte Gotteshaus war Zentrum der heute kaum noch existierenden armenischen Gemeinde. Hinter der Kirche liegen die Grabsteine berühmter Gemeindemitglieder, u. a. die der

Brüder Sarkies, die das Raffles Hotel gründeten, und von Vanda Miss Joaquim, nach der die Nationalblume Singapurs benannt ist. ✆ *Karte L2 • 60 Hill Street • 6334-0141 • tägl. 9–18 Uhr • www.armeniansinasia.org*

3 Cathedral of the Good Shepherd

Der Katholizismus kam Anfang des 16. Jahrhunderts mit den Portugiesen nach Singapur. Lange wurden die Messen in einem strohgedeckten Bau an der Bras Basah Road gelesen, im frühen 19. Jahrhundert wurden die Kirche und die benachbarten Einrichtungen, das Convent of the Holy Infant Jesus und die Schule St Joseph's Institution, erbaut. Bei Gottesdiensten (meist in Englisch) sind auch Nichtkatholiken willkommen. ✆ *Karte M1 • Queen Street • 6337-2036 • www.catholic.org.sg*

4 CHIJMES (Convent of the Holy Infant Jesus)

Die gotische Kapelle des Klosters ist die am reichsten geschmückte Kirche Singapurs. Seit das Kloster 1983 in ein Freizeitzentrum umgewandelt wurde, finden noch Hochzeiten und Empfänge, aber keine Gottesdienste mehr statt. An der nordöstlichen Pforte wurden einst Säuglinge abgelegt und der Obhut der Nonnen übergeben *(siehe S. 35)*.

St Andrew's Cathedral

 Zur größten Moschee Singapurs, Masjid Sultan, siehe S. 14f

Sri Thendayuthapani Temple

An der Stätte stand einst nur eine Statue von Lord Murugan unter einem *Bodhi*-Baum. Der erste Tempel wurde 1859 errichtet, 1983 ersetzte man ihn durch einen neuen. Nach Hindu-Tradition wird er alle zwölf Jahre renoviert. ◈ Karte K1 • 15 Tank Road • 6737-9393 • www.sttemple.com

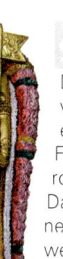

Lord Murugan im
Sri Thendayuthapani Temple

Tan Si Chong Su Temple

Der dem Clan der Tan gewidmete Schrein stand einst direkt am Fluss, durch Landgewinnung liegt er heute vom Ufer entfernt. Ein nicht öffentlich zugänglicher Raum hinter dem Tempel birgt Ahnentafeln verstorbener Clanmitglieder. ◈ Karte K3 • 15 Magazine Road • 6533-2880

Hong San See Temple

Die Tempelanlage auf einem Hügel über der Mohamed Sultan Road wurde vor rund 100 Jahren von Einwanderern aus der chinesischen Provinz Fujian erbaut. Auf den Granittafeln in der Eingangshalle stehen die Namen der Stifter. Der seit 1978 unter Denkmalschutz stehende Tempel ist dem Gott des Glücks, der Göttin der Gnade und dem Himmlischen Kaiser geweiht. ◈ Karte J2 • 29 Mohamed Sultan Road • 6737-3683

Maghain Aboth Synagogue

1831 kamen aus dem Irak und dem Iran die ersten Juden nach Singapur. Maghain Aboth (»Schild der Väter«), die älteste Synagoge der Stadt, wurde 1878 geweiht. ◈ Karte L1 • 24 Waterloo Street • 6337-2189 • www.singaporejews.com

Telok Ayer Chinese Methodist Church

Die Kirche wurde 1924 von Hoklo-Methodisten erbaut. Viele Details wie Fenster und Bogen sind romanischen Stils, das Dach ist traditionell chinesisch. Gottesdienste werden in Chinesisch, Mandarin und Hokkien gehalten. ◈ Karte L5 • 235 Telok Ayer Street • 6324-4001 • www.tacmc.org.sg

Kong Meng San Phor Kork See Monastery

Der Komplex, die größte buddhistische Tempelanlage Singapurs, wurde 1920 für die Mönche in der Stadt errichtet. Das Kloster besitzt bis heute große Bedeutung. Hall of Great Strength und Hall of Great Compassion schließen um 16 bzw. 16.45 Uhr, das Gelände ist länger geöffnet. ◈ Karte T2 • 88 Bright Hill Drive • 6849-5300 • tägl. 6–22 Uhr • www.kmspks.org

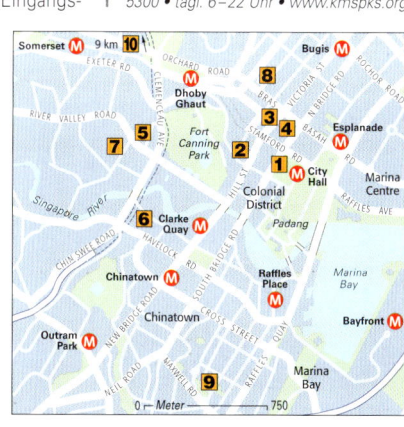

Links **Nachbildung einer britischen Kanone, Johore Battery** Rechts **Schautafeln, Changi Museum**

Stätten des Zweiten Weltkriegs

1 Changi Museum

Das Museum widmet sich den von 1942 bis 1945 im Changi Prison internierten Kriegsgefangenen. Es zeigt u. a. Nachbildungen von Wandmalereien in der St Luke's Chapel, die der Artillerist Stanley Warren schuf *(siehe S. 37)*.

2 Fort Siloso

Die einzige erhaltene britische Küstenfestung in Singapur gewährt Einblick in den Soldatenalltag im Zweiten Weltkrieg. In den Surrender Chambers sind die Kapitulationen der Briten und der Japaner nachgestellt. ⊛ *Karte S3 • Soliso Point, Sentosa • tägl. 10–18 Uhr • Eintritt • www.sentosa.com.sg*

3 Labrador Nature Reserve

Die Kanonen des Fort Pasir Panjang feuerten einst Granaten 16 Kilometer weit, um Marineangriffe abzuwehren. ⊛ *Karte S3 • Labrador Villa Road • 6339-6833*

Grabstein auf dem Kranji Cemetery

4 Battle Box

Die britische Kommandozentrale wurde bombensicher gebaut und mit eigener Sauerstoffversorgung versehen. Modelle zeigen das Treffen von 1942, bei dem General Percival die Kapitulation gegenüber Japan beschloss. ⊛ *Karte E6 • 2 Cox Terrace • 6333-0510 • Öffnungszeiten tel. erfragen • Eintritt*

5 Reflections at Bukit Chandu

Im Februar 1942 bezogen 1400 Soldaten des malaiischen Regiments auf dem Bukit Chandu Stellung gegen 13 000 japanische Soldaten. Das Museum erinnert an die Schlacht und den großen Mut der malaiischen Truppen. ⊛ *Karte S3 • 31-K Pepys Rd • 6375-2510 • Di–So 9–17.30 Uhr • Eintritt*

6 Johore Battery

Die britischen Kanonen in Johore waren 1939 die größten außerhalb Großbritanniens. Sie dienten der Verteidigung von Singapur. Die Originale wurden vor dem Fall Singapurs zerstört, heute sind auf dem Areal Rekonstruktionen zu sehen. 1991 entdeckte das Singapore Prisons Department einige Tunnel, die im Krieg als Munitionslager genutzt worden waren. ⊛ *Karte V2 • Cosford Road • 6546-9897 • Mo–Fr 9–17 Uhr • frei*

Rekonstruiertes Treffen in der Battle Box

Die japanischen kempetai verübten während der Besatzungszeit mehrere Massaker an Chinesen.

Civilian War Memorial

Kranji War Memorial & Cemetery

Das Mahnmal steht auf den Gräbern von über 4000 alliierten Soldaten. Die Säulen nennen die Namen von 24000 Toten, die nie gefunden wurden *(siehe S. 99)*.

Civilian War Memorial

Die vier Säulen des von Einheimischen »Chopsticks Memorial« genannten Denkmals symbolisieren die Ethnien (Chinesen, Malaien, Inder und andere), die unter der Besatzung litten. Das Mahnmal umringen Gräber unbekannter Opfer. ❀ *Karte M2*
• War Memorial Park

Padang

Auf dem Platz trieben die Japaner die Europäer der Stadt zusammen und wiesen sie Gefängnissen zu – 2300 Zivilisten dem Changi Prison *(siehe S. 37)*, britische und australische Soldaten den Seralang Barracks. ❀ *Karte M2/M3*

Lim Bo Seng Memorial

Das Monument gedenkt des Mannes, der vor den Japanern nach Sri Lanka floh und dort Widerstandskämpfer ausbildete. Er starb nach seiner Rückkehr in Gefangenschaft. ❀ *Karte M3*
• Queen Elizabeth Walk

Der Zweite Weltkrieg in Singapur

7./8. Dezember 1941
Japan greift Pearl Harbor an und startet eine gewaltige Offensive mit Einmarsch auf den Philippinen, in Hongkong und in Thailand. Erste Bomben fallen auf Singapur.

8. Februar 1942
Die Japaner fallen von Malaysia aus in Singapur ein.

15. Februar 1942
General Percival ergibt sich General Yamashito. Die japanische Besatzung beginnt.

16. Februar 1942
Die Europäer müssen sich auf dem Padang sammeln und den Weg in das etwa 23 Kilometer entfernte Changi Prison antreten.

Mai 1943
Die ersten 600 Gefangenen werden zum Arbeitseinsatz an der »Todes-Eisenbahn« Burma–Thailand geschickt.

1943
Als der Druck auf Japan wächst, werden Essensrationen gekürzt. Die Lebensbedingungen verschlechtern sich.

November 1944
Hunger und Krankheiten breiten sich aus. Die USA starten erste Angriffe auf Singapurs Hafen.

Anfang 1945
Die Lebensbedingungen werden unerträglich, viele Menschen sterben an Unterernährung.

Mai 1945
Die Nachricht vom Kriegsende in Europa erreicht Singapur – ein Hoffnungsschimmer für die verzweifelte Stadt.

12. September 1945
Japan kapituliert gegenüber Lord Louis Mountbatten, dem Vizekönig von Indien.

1942 wurde Singapur von den Japanern in Syonan-To, »Licht des Südens«, umbenannt.

Links **Strand im East Coast Park** Rechts **Steg im Sungei Buloh Wetland Reserve**

TOP 10 Nationalparks & Gärten

1 Singapore Botanic Gardens

Obwohl die betriebsame Orchard Road nur wenige Schritte entfernt ist, wähnt man sich inmitten der Frangipani-Bäume, der Seen und des Regenwalds weit weg von der Stadt. Ein Spaziergang durch die friedvollen botanischen Gärten bietet nach einem Tag voller Shopping und Sightseeing wunderbare Erholung und Entspannung. Die Bewohner Singapurs praktizieren auf dem Areal gern Tai Chi *(siehe S. 18f)*.

2 National Orchid Garden

Die Anlage, auf der mehr als 600 Orchideenarten gedeihen, zählt zu den Hauptattraktionen der Singapore Botanic Gardens. Das herrlich gestaltete Areal bietet Lebensräume für jede Art Orchidee und Bromelie. Im Kalthaus kann man sich von der Hitze erholen *(siehe S. 18)*.

3 Fort Canning Park

Der Park ist mit der Geschichte Singapurs eng verwoben. Er hieß ursprünglich »Verbotener Hügel« und birgt der Sage nach das Grab von Iskandar Shah, der Singapur als Erster besiedelte. Raffles errichtete auf dem Gelände sein Wohnhaus, das 1859 dem Militärstützpunkt Fort Canning weichen musste. Das Fort diente den Briten im Kampf um Singapur als Hauptquartier. Sir Thomas Stamford Raffles schuf auf dem Gelände den ersten botanischen Garten der Stadt *(siehe S. 85)*.

4 Chinese Garden & Japanese Garden

Zwei einzigartige Landschaftsphilosophien stehen hinter den beiden auf Nachbarinseln im Jurong Lake gelegenen Gärten. Der Chinese Garden besitzt eine herausragende Bonsai-Sammlung im Suzhou-Stil, bunte Gebäude und ein Steinboot. Jenseits der Bridge of Double Beauty liegt der Japanese Garden – der Inbegriff von Ruhe und Frieden. Von der siebenstöckigen Pagode im Chinese Garden eröffnet sich ein herrlicher Ausblick *(siehe S. 97)*.

Chinese Garden

 Fünf Prozent der Gesamtfläche Singapurs wurden unter Naturschutz gestellt.

Gardens by the Bay

Die Anlage umfasst drei Parks: Bay South Garden, Bay East Garden und Bay Central Garden. Im Bay South Garden, dem größten Park, sind Flower Dome, Cloud Forest und Supertree Grove Attraktionen. Er ist Schauplatz von Veranstaltungen und bei Besuchern jeden Alters beliebt.
⊗ *18 Marina Gardens Drive • variierende Öffnungszeiten • 6420-6848 • www. gardensbythebay.com.sg*

Blüte im National Orchid Garden

MacRitchie Reservoir Park

Von dem Steg, der um das Naturreservat führt, sind Reste von Singapurs Kautschukplantagen zu sehen. Die Länge der Wanderwege durch den Wald reicht von drei bis zu elf Kilometern. Ein 25 Meter hoher Baumwipfelpfad bietet Aussicht auf Baumkronen und Wasserspeicher. ⊗ *Karte S2 • von Lornie Road ab • tägl. • www.nparks.gov.sg*

Sungei Buloh Wetland Reserve

Durch das Mangrovengebiet, in dem Warane, Schlammspringer und Atlasspinner, die mit bis zu 30 Zentimetern Spannweite größten Schmetterlinge der Welt, leben, führen Holzstege. Von geschützten Plätzen am Wasser aus kann man Exemplare der 144 heimischen Vogelarten beobachten *(siehe S. 98)*.

East Coast Park

Für viele Reisende ist dieser Park das Erste, was sie von Singapur sehen. Er verläuft entlang der Autobahn vom Flughafen in die Stadt. Der lange Sandstrand mit schattigen, von Kasuarinen und Kokospalmen gesäum-

ten Wegen ist bei Rad- und Rollschuhfahrern beliebt. Der Blick auf die zahllosen Schiffe, die die Straße von Singapur durchqueren, beeindruckt. ⊗ *Karte T3 • East Coast Parkway • www.nparks.gov.sg*

Chek Jawa

Von dem Steg, der das Ufer des Meeresschutzgebiets überspannt, sind Pfeilschwanzkrebse, Seesterne, Seeanemonen und Schwämme zu beobachten.
⊗ *Karte V1 • Ostspitze von Pulau Ubin • tägl. 8.30–18 Uhr • www.nparks.gov.sg*

Nature Walk, Sentosa

Wegen der Kürze und der guten Beschaffenheit der Wege ist der Spaziergang durch das Waldgebiet auch für Kinder und weniger mobile Menschen geeignet, nicht aber für Rollstühle und Kinderwagen *(siehe S. 27)*.

➤ *Wellness-Oasen siehe S. 54f*

Links **Thaipusam-Prozession** Rechts **Chingay Parade**

TOP 10 Religiöse Feste

1 Chinesisches Neujahr
Singapurs wichtigster Feiertag wird im Januar oder im Februar begangen. Die Festlichkeiten beginnen am Vorabend mit einem Abendessen im Familienkreis. Man besucht Freunde und verteilt dabei *hong bao* (rote Geldpakete) an Kinder und Alte.

2 Chingay Parade
Bei der chinesischen Neujahrsparade werden Festwagen von Musik, Tanz und Akrobatik begleitet. Neben Ensembles aus China sorgen Künstler aus aller Welt für multikulturelles Flair.

Opfer zum Hungry Ghost Festival

3 Thaipusam
Im Januar oder im Februar ehren die Hindus Lord Murugan mit einer Parade, die vom Sri Srinivasa Perumal Temple *(siehe S. 75)* zum Sri Thendayuthapani

Temple *(siehe S. 39)* führt. Viele Gläubige tragen schwere *kavadis* (mit Früchten und Blumen verzierte Metallgestelle), durchstechen Zunge und Wangen mit Spießen und treiben sich Haken in den Rücken.

4 Hungry Ghost Festival
Die Chinesen glauben, dass im August und im September böse Geister über die Erde wandern. Um diese zu besänftigen, opfern sie Speisen, Räucherstäbchen und »Höllengeld« und führen chinesische Opern auf. Wichtige Ereignisse wie Hochzeiten oder Geschäftseröffnungen werden für diese Zeit nicht geplant.

5 Mid-Autumn Festival
Das Laternenfest feiert die Ernte. Man genießt Mondkuchen, gefüllt mit süßer Lotuspaste, Eiern u. Ä. Chinese und Japanese Garden *(siehe S. 42)* werden mit riesigen Laternen geschmückt.

6 Hari Raya Puasa
Das »Fest des Fastenbrechens« Hari Raya Puasa (auch Aidil Fitri genannt) bildet den Höhepunkt des muslimischen Fastenmonats Ramadan. Es wird mit Familie und Freunden gefeiert. Auch Nichtmuslime werden gern dazu eingeladen. Das Datum dieses Feiertags variiert von Jahr zu Jahr.

Hari Raya Puasa im Familienkreis

Gotteshäuser siehe S. 38f

Thimithi

7 Jeden Oktober oder November zieht eine Prozession von Hindus vom Sri Srinivasa Perumal Temple zum Sri Mariamman Temple *(siehe S. 67)*, wo Priester eine Zeremonie leiten, die den Gang über glühende Kohlen beinhaltet.

Deepavali-Opfergaben auf dem Familienaltar

Deepavali

8 Hindus und Sikhs feiern im Oktober/November den Sieg des Guten über das Böse. Dabei soll das Licht Hunderter Öllampen den Seelen der Verstorbenen den Weg auf die Erde weisen. Diese verbringen dann einen Tag unter den Lebenden, bevor sie ins Jenseits zurückkehren.

Nine Emperor Gods Festival

9 Nach taoistischem Glauben steigen die Neun Herrschergötter im November für neun Tage auf die Erde herab, um Kranke zu heilen und Glück zu bringen. Priester in chinesischen Tempeln singen Gebete, spirituelle Führer schreiben Zauberformeln in Blut.

Weihnachten

10 Zu Weihnachten zählt Singapur jährlich fast eine Million Besucher. Die Orchard Road *(siehe S. 90–95)* ist prächtig dekoriert.

Top 10 Sport- & Kulturevents

1 **Formel 1 Singapore Grand Prix**
In der Grand-Prix-Geschichte war dies das erste Nachtrennen und zugleich das erste Straßenrennen in Asien. Es findet im September statt.

2 **Singapore Arts Festival**
Den ganzen Juni über treten Kleinkunstgruppen aus aller Welt auf.

3 **World Gourmet Summit**
Der April ist in Singapur der Haute Cuisine gewidmet – mit Spitzenköchen aus aller Welt.

4 **Singapore International Film Festival**
Jeden April werden 300 meist asiatische Arthouse- und Independent-Filme gezeigt.

5 **Dragon Boat Festival**
Internationale Teams treten im Juni zum Drachenbootrennen an.

6 **Singapore Food Festival**
Das einmonatige Fest im Juli feiert die einheimische Küche. Es beinhaltet auch Kurse und Führungen.

7 **Great Singapore Sale**
Sechs Wochen in Juni und Juli bieten Singapurs Händler Preisnachlässe.

8 **Ballet Under the Stars**
Die große Tanzveranstaltung im Juli findet auf mehreren Bühnen der Stadt statt.

9 **Nationalfeiertag, 9. August**
Die Show zur Feier der Staatsgründung ist gewaltig. Tickets werden verlost.

10 **ARTSingapore**
Jeden Oktober verkaufen die Kunstgalerien der Stadt ihre besten asiatischen Werke.

Links **The Substation** Mitte **Jubilee Hall** Rechts **DBS Arts Centre**

TOP 10 Theater & Kulturzentren

1 Esplanade – Theatres on the Bay

Das Bauwerk, ein Wahrzeichen Singapurs, wurde als Zentrum für darstellende Künste errichtet. Auf den beiden Bühnen – Concert Hall und Theatre – präsentieren internationale und einheimische Ensembles Musik-, Theater- und Tanzvorführungen. Die zum Zentrum gehörende Open-Air-Bühne liegt direkt an der Marina Bay (siehe S. 35).

2 Victoria Theatre & Concert Hall

Das Gebäude-Ensemble ist Heimat des Singapore Symphony Orchestra, präsentiert aber auch Gastkonzerte. Die Akustik ist weniger brillant als im Esplanade – Theatres on the Bay, doch das Ambiente ist wunderbar. Die Stuckelemente, Wand- und Kronleuchter des viktorianischen Gebäudes verleihen den Konzertabenden besonderes Flair (siehe S. 85).

3 The Arts House at the Old Parliament

In den ehemaligen Sitzungssälen des Old Parliament House (siehe S. 85) finden Tanz- und Musikaufführungen, Dichterlesungen, Vorlesungen, Filmvorführungen und andere Veranstaltungen statt. Die Holzböden und Stuckverzierungen der historischen Säle schaffen ein intimes Flair. Das Gebäude beherbergt auch ein Café und ein Pub.

4 Jubilee Hall

Das kleine Theater in den Arkaden des Raffles Hotel verfügt über 388 Plätze. Es zeigt Standup Comedy, Musikaufführungen und Independent-Produktionen. Besucher genießen das unterhaltsame Programm bei Drinks und einem Essen. ● Karte M1
• Raffles Hotel • 6337-1886
• www.raffles.com/singapore

5 DBS Arts Centre

Das Zentrum ist Heimat des preisgekrönten Singapore Repertory Theatre (SRT), das zu den führenden englischsprachigen Theatern im asiatischen Raum und zu Singapurs beliebtesten Ensembles zählt. The Little Company bietet in dem Haus Theater für Kinder. Nahe dem DBS Arts Centre liegen viele Restaurants und Clubs. ● Karte J2 • 20 Merbau Road, Robertson Quay • 6733-8166

Esplanade – Theatres on the Bay

DBS Arts Centre & Singapore Repertory Theatre im Internet
www.srt.com.sg

Art of Our Time Gallery im Singapore Art Museum

Singapore Art Museum

Das Museum birgt die weltweit größte staatliche Sammlung von südostasiatischer Kunst des 20. Jahrhunderts. In dem modernen Anbau wird zeitgenössische bildende und darstellende Kunst präsentiert – Skulpturen, Gemälde, Installationen, Film und Performance *(siehe S. 36)*.

ARTrium@MCI

Im Foyer des Ministry of Communications and Information (MCI) präsentieren mehrere Galerien zeitgenössische Werke von überwiegend aus Indien, China und Südostasien stammenden Künstlern. Besonders interessant sind die Gajah Gallery und Art-2. *Karte L2 • 140 Hill Street • tägl. 11–19 Uhr*

The Substation

Singapurs ältestes Zentrum für Independent-Künstler betreibt ein Black-Box-Theater, eine Galerie und weitere Veranstaltungsräume. Das Programm beinhaltet Konzerte, traditionelle Tanzaufführungen, experimentelles Theater, Dichterlesungen und Filmfestivals. *Karte L1 • 45 Armenian Street • 6337-7535 • www.substation.org*

Singapore Tyler Print Institute (STPI)

Das Institut arbeitet mit internationalen Künstlern, um hervorragende Drucke auf Papier herzustellen und um die technischen und kreativen Aspekte von Druck und Papierherstellung zu untersuchen. Es ist in einem Lagerhaus aus dem 19. Jahrhundert untergebracht, in dem die Künstler arbeiten, ausstellen und ihre Werke verkaufen. *Karte J2 • 41 Robertson Quay • 6336-3663 • Mo–Fr 10–19 Uhr, Sa 9–18 Uhr • www.stpi.com.sg*

Sculpture Square

Die unabhängige, gemeinnützige Organisation fördert aufstrebende Künstler im Bereich der Bildhauerei. Das ganze Jahr über werden gemeinschaftliche Projekte organisiert. *Karte F5 • 155 Middle Road • 6333-1055 • Mo–Sa 11–18 Uhr*

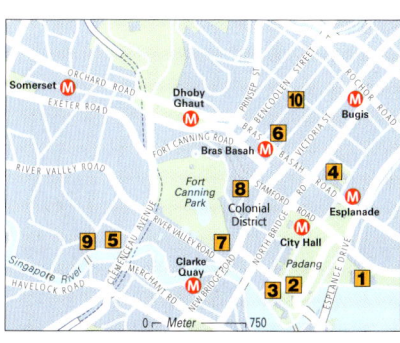

Die Website des Singapore Tourism Board führt unter »See & Do« auch die Sparten Arts & Entertainment **www.yoursingapore.com**

Links **VivoCity** Rechts **Challenger-Filiale in der Funan DigitaLife Mall**

⑩ Shopping Malls

1 VivoCity
VivoCity, die größte Shopping Mall Singapurs, ist durchdacht gestaltet. Zu den Einrichtungen zählen Restaurants, Food Courts, ein Multiplex-Kino, ein Spielplatz und ein Planschbecken auf dem Dach. Von dem Gebäude aus eröffnen sich schöne Ansichten der Stadt. Von einigen Plattformen blickt man auf die Seilbahn nach Sentosa. ◈ Karte S3
• 1 Harbourfront Walk • 6377-6870 • tägl. 10–22 Uhr
• www.vivocity.com.sg

Buddha-Statue im Tanglin Shopping Centre

2 Ngee Ann City
Der marmorverkleidete Komplex wird nach dem Hauptpächter auch Takashimaya genannt. Die Mall birgt zudem Boutiquen von Luxuslabels wie Louis Vuitton, Chanel und Tiffany, Filialen von Ketten wie Zara, Mango und Giordano sowie einen exzellenten Food Court. Books Kinokuniya gilt als größter Buchladen Asiens (siehe S. 92).

3 Tanglin Shopping Centre
Das Shopping Centre ist nicht zu verwechseln mit der Tanglin Mall (siehe S. 92). Besucher können in entspannter Atmosphäre durch Läden mit Antiquitäten, Schmuck und Kunstwerken stöbern. Hassan's, einer der ältesten familienbetriebenen Teppichläden der Stadt, bietet eine gute Auswahl traditioneller und moderner asiatischer Möbel und Teppiche. Select Books führt südostasiatische Literatur. ◈ Karte A4 • 19 Tanglin Road • Läden: meist Mo–Sa 12–18 Uhr

4 Hilton Shopping Gallery
Im glamourösen Hilton Hotel wird Exklusivität großgeschrieben. Auf drei Etagen sind edle Designerboutiquen von Missoni, Donna Karan, Bulgari u. a. untergebracht. Eine Brücke führt zu den Arkaden des Four Seasons, in denen Läden Kunst und Gemälde anbieten (siehe S. 94).

Ngee Ann City

 Singapurer Familien suchen am Wochenende gern Shopping Malls auf, um einzukaufen, zu essen und der Hitze zu entfliehen.

Lucky Plaza

Far East Plaza

Die Mall mit über 800 Läden ist meist überfüllt und wirkt etwas schäbig. Sie zeigt eine andere Facette der Orchard Road. In den unteren Etagen findet man Streatwear und einheimische Labels, oben Tattoo-Studios, Schneider und Friseure. ◈ *Karte B4 • 14 Scotts Road • 6734-2325 • tägl. 10–22 Uhr • www.fareastplaza.com.sg*

Lucky Plaza

Als Treffpunkt der philippinischen Gemeinde lockt das Shoppingcenter sonntags viele Fremdarbeiter an. Besucher sollten die Qualität der Waren sorgsam prüfen – die Händler stehen in dem Ruf, Ausländer zu übervorteilen. ◈ *Karte B4 • 304 Orchard Road • 6235-3294 • tägl. 10–21 Uhr • www.luckyplaza.com.sg*

Sim Lim Square

Der größte Elektronikmarkt Singapurs bietet auf sechs Etagen eine riesige Produktpalette. Man sollte nur bei zugelassenen Händlern kaufen und dabei auf die zulässige Voltzahl der Geräte achten. ◈ *Karte F4 • 1 Rochor Canal Road • 6338-3859 • tägl. 10.30–21 Uhr • www.simlimsquare.com.sg*

Funan DigitaLife Mall

Das Shopping Centre für Elektronikartikel lockt mit namhaften Läden, echten Fabrikaten, fairen Preisen und einer ruhigen Atmosphäre. Am Cash Refund Counter können sich ausländische Besucher die Mehrwertsteuer GST *(siehe S. 109)* rückerstatten lassen. ◈ *Karte L2 • 109 North Bridge Road • 6336-8327 • tägl. 10.30–20.30 Uhr • www.funan.com.sg*

Raffles City Shopping Centre

Der aus mehreren Malls bestehende Komplex verbindet die Hotels The Stamford und Fairmont Singapore mit City Hall MRT, CityLink und Marina Square. Ein Concierge-Service bucht Karten für Ausflüge und Veranstaltungen und verleiht Buggys und Rollstühle. ◈ *Karte M2 • 252 North Bridge Road • 6318-0238 • tägl. 10–22 Uhr • www.rafflescity.com.sg*

ION Orchard

Die Mall birgt Hunderte von Läden, eine Kunstgalerie und einen großen Food Court. Die Aussichtsplattform des hohen Gebäudes erlaubt weiten Blick über die Stadt. Die »ION Orchard Tourist Wallet« verhilft zu Rabatten und Sonderangeboten. ◈ *Karte B4 • 2 Orchard Turn • 6238-8228 • tägl. 10–22 Uhr • www.ionorchard.com*

Im Juni/Juli findet der Great Singapore Sale statt, ein sechswöchiger Ausverkauf in der ganzen Stadt siehe S. 45

Links **Wild Wild Wet** Mitte **Science Centre Singapore** Rechts **Universal Studios Singapore®**

TOP 10 Attraktionen für Kinder

1 Universal Studios Singapore®

Zu den Highlights des Vergnügungsparks zählt die durch die TV-Serie *Battlestar Galactica* inspirierte Duelling-Achterbahn Cylon™ vs Human™.
🔍 *Karte S3 • 8 Sentosa Gateway • 6577-8888 • tägl. 10–19 Uhr (Sa bis 20 Uhr) • Eintritt • www.rwsentosa.com*

2 Wild Wild Wet

In dem Wasserpark sorgen Rutschen, Labyrinthe und Südostasiens erste Wildwasserrutsche Ular-Lah für Spaß. 🔍 *Karte U2 • 1 Pasir Ris Close • 6581-9128 • Mo–Fr 13–19 Uhr, Sa, So, Feiertage & Schulferien 10–19 Uhr • Eintritt • www.wildwildwet.com*

3 eXplorerkid

Während die Kleinen sich durch den Hindernisparcours im Megaplay schlängeln, können die

Underwater World

Eltern im Erwachsenenbereich Sport treiben oder DVDs ansehen. 🔍 *Karte U2 • 1 Pasir Ris Close • 6589-1668 • Mo–Do 12–21 Uhr, Fr–So, Feiertage & Schulferien 10–22 Uhr • Eintritt • www.explorerkid.com*

Aras im Jurong Bird Park

4 Science Centre Singapore

Über 1000 Exponate machen Wissenschaft zum Vergnügen. Im Kinetic Garden beschäftigen sich Skulpturen mit den Themen Wind, Wasser und Solarenergie, Waterworks vermittelt Wissen rund ums Wasser. 🔍 *Karte R2 • 15 Science Centre Rd • 6425-2500 • tägl. 10–18 Uhr • Eintritt • www.science.edu.sg*

5 S'pore Discovery Centre

Das »Edutainment-Center« widmet sich dem modernen Singapur. Die audiovisuelle Vorführung begeistert, in der Smart Show können Besucher ihr Wissen von Mathematik bis Musik testen. 🔍 *Karte Q2 • 510 Upper Jurong Road • 6792-6188 • Di–So 9–18 Uhr • Eintritt • www.sdc.com.sg*

6 Underwater World

Haie und Rochen umkreisen den durch den Aquariumtunnel führenden Rollsteig. Kinder können Schildkröten füttern und im Streichelbecken u. a. Seesterne und Haibabys berühren *(siehe S. 26)*. 🔍 *Karte S3 • 80 Siloso Rd, Sentosa • 6275-0030 • tägl. 10–19 Uhr • Eintritt • www.underwaterworld.com.sg*

Dolphin Lagoon

7 Jurong Bird Park
In dem riesigen Vogelpark durchquert eine Schwebebahn das Waterfall Aviary mit dem größten künstlichen Wasserfall der Welt *(siehe S. 97)*.

8 Marine Life Park
Das größte Ozeanarium der Welt präsentiert die Wunder der Meere. Zum Marine Life Park gehören das S.E.A. Aquarium™ und der Wasserpark Adventure Cove™. ✪ *Karte S3 • 8 Sentosa Gateway • 6577-8888 • tägl. 10–18 Uhr (S.E.A. Aquarium bis 20 Uhr) • Eintritt • www.rwsentosa.com*

9 Snow City
Erwachsene können Ski und Snowboard fahren, während Kinder Schneemänner bauen oder das Iglu in der Spielzone erkunden. Es gibt Mäntel und Stiefel zu leihen, die bei der Temperatur von −5 °C wärmen. ✪ *Karte R2 • 21 Jurong Town Hall Road • 6560-2306 • tägl. 10–18 Uhr (Feiertage & Schulferien bis 18 Uhr) • Eintritt • www.snowcity.com.sg*

10 Dolphin Lagoon
Kinder lieben es, den Sousa (Buckeldelfinen) beim Springen und Spielen zuzusehen. Wer rechtzeitig bucht, kann mit den Tieren im Becken schwimmen. ✪ *Karte S3 • Siloso Point, Sentosa • 6275-0030 • tägl. 10–19 Uhr • Eintritt • www.sentosa.com.sg*

Top 10 Sportarten

1 Sea Canoeing
Kajaks und Kanus kann man im East Coast Park *(siehe S. 43)* und auf Sentosa mieten.

2 Wasserskifahren
SKI360 ist Singapurs erster Wasserskipark mit Seilbahn. ✪ *Karte U2 • 1206A East Coast Parkway • 6442-7318.*

3 Windsurfen
Water-Venture im East Coast Park bietet Kurse und Equipment. ✪ *Karte T3 • 1390 East Coast Parkway • 6444-0409*

4 Segeln
Die Singapore Sailing Federation veranstaltet Kurse für jedes Alter. ✪ *Karte U2 • 1500 East Coast Parkway • 6444-4555*

5 Tauchen
Mehrere Tauchläden bieten Training, Ausrüstung und Ausflüge zu guten Tauchgründen. ✪ *Karte R2 • Diventures, S-17 Pandan Loop • 6778-0661*

6 Wandern
In den Naturreservaten Bukit Timah und MacRitchie *(siehe S. 43)* kann man durch den Regenwald wandern.

7 Fahrradfahren
Im East Coast Park, auf Sentosa und auf Pulau Ubin kann man Räder mieten.

8 Rollschuhfahren
Der East Coast Park eignet sich herrlich zum Rollerbladen. Es gibt viele Verleiher.

9 Beachvolleyball
Siloso Beach auf Sentosa hat vier Plätze. Da sie sehr beliebt sind, sollte man an Wochenenden früh da sein.

10 Golf
Die 18 Löcher des Marina Bay Golf Course im Stadtzentrum können auch Gäste bespielen. Der Platz bietet großartige Aussicht. ✪ *Karte T3 • 80 Rhu Cross • 6348-1923.*

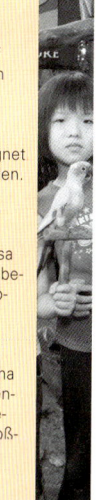

➡ *Auch ein Besuch im Singapore Zoo macht Kindern Spaß siehe S. 20f*

Links **The Spa Artisan** Mitte **Ayurlly Ayurvedic Spa** Rechts **Spa im Mandarin Oriental Singapore**

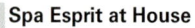

🔟 Wellness-Oasen

1 Willow Stream Spa

Das in Erdtönen gehaltene Spa bietet Verwöhnung für den ganzen Körper. »Willow Stream Elements« umfasst z. B. Moorpackung, Mineralbad, Aromatherapie und Massage. Das »Singapore Luxury Facial« schließt Kopf-, Hand-, und Fußmassagen ein. Ⓢ *Karte M1 • Fairmont Singapore, 80 Bras Basah Rd • 6339-7777 • tägl. 9–22 Uhr • www.fairmont.com/singapore/willow-stream*

2 Spa Esprit at House

Nach einem langen Flug bietet die von dem Spa angebotene Massage mit heißen Steinen Entspannung. Der Masseur lockert durch Auflegen der Steine das Muskelgewebe und beseitigt mit tiefen Handstrichen Verspannungen. Nach der Behandlung kann man wieder frisch und munter in der hauseigenen Bar Camp oder im Tippling Club zu einem Drink einkehren. Ⓢ *Karte S3 • 8D Dempsey Road • 6479-0070 • tägl. 10–21 Uhr • www.dempseyhouse.com*

Warteraum im Estheva Spa

Spa im Mandarin Oriental Singapore

3 Estheva Spa

Die Anwendung »choc de-ager« in dem eleganten Spa verwöhnt mit Schokoladen-Körperpeeling, Schokoladenfondue-Packung und einer Mandelölmassage. Angeblich beinhalten diese Mittel viermal so viele Antioxidantien wie Tee. Ⓢ *Karte M1 • Arkaden des Raffles Hotel • 6338-3318 • tägl. 10–22 Uhr • www.estheva.com*

4 The Spa Artisan

Zum großen Angebot des Spas gehören Ganzkörpermassagen und Gesichtsmassagen, die traditionelle asiatische und moderne Techniken vereinen. Ⓢ *Karte M3 • Fullerton Hotel, 1 Fullerton Square • 6423-1382 • tägl. 11–21 Uhr • www.thespaartisan.com*

5 Damai Spa

Vanda Miss Joaquim, die Nationalblume Singapurs, ist Basis der in dem 1180 Quadratmeter großen Spa verwendeten Essenzen. Es gibt elf Behandlungsräume. Ⓢ *Karte B3 • Grand Hyatt Singapore, 10 Scotts Rd • 6416-7156 • tägl. 10–22 Uhr • www.singapore.grand.hyatt.com*

Vorhergehende Doppelseite
Chinesischer Drache – ein beliebtes künstlerisches Motiv

6 Ayurlly Ayurvedic Spa

Die Kräuteröle für die jahrhundertealten Ayurveda-Techniken werden nach einer gründlichen Anamnese individuell zusammengestellt. *Chandramukhi*, eine Behandlung, bei der zwei Masseure synchron arbeiten, soll bei Schlafstörungen, Rheuma und Sehschwächen helfen und das Leben verlängern. ❀ *Karte F4 • Ihe Verge, 2 Serangoon Road • 6737-5657 • tägl. 10–20 Uhr*

Außenpool, Spaboutique

7 Spa im Mandarin Oriental Singapore

Das Spa ist eine Oase der Heilkraft, der Entspannung und der Ruhe. Die sechs Behandlungsräume beinhalten zwei Suiten für Paare. ❀ *Karte N2 • Mandarin Oriental Singapore, 5 Raffles Ave • 6885-3533 • tägl. 10–23 Uhr • www.mandarin oriental.com/singapore/luxury-spa*

8 So SPA

Das Spa ist in einer im Zentrum von Sentosa gelegenen, 6000 Quadratmeter großen denkmalgeschützten Anlage untergebracht. Es verfügt über 14 Behandlungsräume und sechs Pavillons im Außenbereich. Besucher können aus dem umfangreichen Angebot ein individuelles Programm zusammenstellen. ❀ *Karte S3 • The Singapore Resort & Spa Sentosa, 2 Bukit Manis Rd • 6275-0331 • tägl. 10–21 Uhr • www. singaporeresortsentosa.com*

9 Spaboutique

Die Einrichtung des in einem niedrigen schwarz-weißen Gebäude aus der Kolonialzeit ansässigen Spas prägen Antiquitäten und Kunstwerke. Es gibt auch einen schönen Garten. Jede der Anwendungen erfüllt höchste Standards, doch wie das Rosen-Lavendel-Ritual die Haut zum Strahlen bringt, grenzt fast an ein Wunder. ❀ *Karte S3 • 6 Nassim Road • 6887-0760 • tägl. 10–21 Uhr*

10 Annabelle Studio

Die verjüngende Gesichtsbehandlung »Re-Youth« ist die Spezialität unter den im Annabelle Studio angebotenen Anwendungen. Sie kombiniert Massage mit Lymphdrainage und französischer Patente, um Falten zu beseitigen und die Haut zu straffen. Darüber hinaus kann man eine Maniküre, ein entgiftendes Dampfbad und Ganzkörpermassagen genießen. ❀ *Karte M2 • The Adelphi, 1 Coleman St • 6336-8975 • Mo–Fr 11.30–20.30 Uhr, Sa 10–17 Uhr*

Links **Imbissstand im Maxwell** Mitte **Newton Food Centre** Rechts **Food Republic im Wisma Atria**

Hawker Center & Food Courts

1 Maxwell Food Centre

Das beliebte Hawker Center in Chinatown bietet eine breite Palette chinesischer Leibspeisen mit Reis. Den am Stand von Tian Tian erhältlichen Hainan Chicken Rice sollte man unbedingt probieren. ❧ *Karte K5* • *Ecke South Bridge Road & Maxwell Road* • *tägl. 8–22 Uhr*

2 Lau Pa Sat Festival Market

Dank der Lage mitten im Financial District ist der viktorianische Markt mittags sehr beliebt. Auch spät am Abend kommen viele hierher, um Satay und gegrillten Stachelrochen mit Bier zu genießen. ❧ *Karte M4* • *18 Raffles Quay* • *tägl. 11–3 Uhr*

Chili Crab

3 Newton Food Centre

Das rund um die Uhr geöffnete Center ist frühmorgens besonders gut besucht. Fremdenführer kommen gern hierher. Bei der Bestellung an Fischständen sollte man genau auf die Preise achten, Besucher werden dort oft übervorteilt. Die Fischklöße von Soon Wah sind lecker. ❧ *Karte C3* • *500 Clemenceau Ave* • *tägl. 11–3 Uhr*

4 Chomp Chomp

In dem berühmten Hawker Center in der Vorstadt genießt man köstlichen gegrillten Fisch in gemütlichem Gartenambiente. Ein Stand verkauft äußerst schmackhaften Karotenkuchen. ❧ *Karte T2* • *20 Kensington Park* • *tägl. 11–3 Uhr*

5 East Coast Lagoon Food Village

Die Meeresbrise sorgt in dem Hawker Center für Kühle. Gute gegrillte Meeresfrüchte gibt es bei Leng Heng, *laksa* bei Roxy und Satay bei Haron 30. Nach dem Essen schmeckt ein Bier am Strand. ❧ *Karte U2* • *1220 East Coast Park Service Road* • *tägl. 11–23 Uhr*

6 Tekka Market & Food Centre

Das Hawker Center liegt in Little India, bietet aber Spezialitäten verschiedener Landesküchen. Auf dem Wet Market, einem der größten der Stadt, werden Seafood, Fleisch und andere Produkte verkauft. ❧ *Karte F4* • *665 Buffalo Road* • *tägl. 11–21 Uhr*

Lau Pa Sat Festival Market

 Hawker Center sind Hallen mit Essensständen und einem großen Sitzbereich, Food Courts die Imbissbereiche in Shopping Malls.

Chinatown Food Street

Food Republic
Die Kette betreibt Food Courts in mehreren Shopping Malls. Alle sind im Stil asiatischer Märkte gestaltet und bieten mit exzellenten Hawker-Ständen und Restaurants eine herrliche Vielfalt. ◈ *Wisma Atria, 435 Orchard Road (Karte B4)* ◈ *Suntec City Mall, Temasek Avenue (Karte P2)* ◈ *VivoCity (siehe S. 48)*

Chinatown Complex
Die Mall birgt ein für exzellente chinesische Küche weithin bekanntes Hawker Center. Ob man nun *cze cha*, Reis aus dem Tontopf, Klößchen oder Karottenkuchen wählt – alles ist lecker. ◈ *Karte K4 • 335 Smith Street • tägl. 11–23 Uhr*

Chinatown Food Street
Um 17 Uhr wird ein Straßenstück abgesperrt, um Tische aufzustellen. Gäste bestellen an den Ständen, das Essen wird dann am Tisch serviert. Besonders gut ist Boon Tat Street Barbecued Seafood. ◈ *Karte K6 • Smith Street • tägl. 17–23 Uhr*

Makansutra Glutton's Bay
Das Hawker Center am Ufer bietet bis spätnachts *mee goreng* (scharfe gebratene Nudeln), Hähnchenflügel und kaltes Bier. ◈ *Karte N2 • 8 Raffles Avenue • tägl. 18–3 Uhr*

Top 10 Traditionelle Gerichte in Singapur

Laksa
Reisnudeln, Krabben und Fischküchlein in reichhaltiger Suppe aus Kokosnusscurry krönt man mit Chili und Laksablatt (einheimisches Kraut).

Kaya Toast
Toast mit süßem Aufstrich aus Kokosmilch und Ei wird zum Frühstück oder zwischendurch gegessen.

Chili Crab
Zu Krebsen in süßsauerscharfer Sauce gibt es Brötchen zum Eintunken.

Fish Head Curry
Ganze Fischköpfe werden in Curry geschmort – es heißt, die Bäckchen schmecken am besten.

Banana Leaf
Das südindische Gericht aus Reis, Gemüsecurrys und Würzsauce wird auf einem Bananenblatt serviert.

Nasi Padang
Indonesische oder malaiische Gargerichte wie Rindfleisch-*rendang* oder Assam-Curry isst man stets mit Reis.

Satay
Eine süße Erdnuss-Chili-Sauce krönt diese kleinen gegrillten Fleischspieße.

Chicken Rice
Geschmortes oder gebratenes Hähnchenfleisch wird auf in Hühnerbrühe gekochtem Reis serviert.

Roti Prata
Indisches Brot, oft gefüllt mit Zwiebeln, Kartoffeln oder Eiern, tunkt man in *dal* oder Fischcurry.

Chendol
Grüne Glasnudeln, Kokosmilch, brauner Zucker, süße Bohnen und Rasureis bilden das indonesische Dessert.

Restaurants **siehe S. 58f, S. 71, S. 83, S. 89, S. 95 & S. 101**

Links **Summer Pavilion** Rechts **TungLok Heen**

TOP 10 Restaurants

1 Raffles Grill

Das eleganteste Restaurant im Raffles Hotel bietet exquisite französische Küche. Die saisonale Speisekarte führt mitunter Köstlichkeiten wie *foie gras* von der Ente, Seezunge und Rinderfilet. Die Jahrgänge der Weine reichen bis 1900 zurück. ✪ *Karte M1*
• *Raffles Hotel, 1 Beach Rd*
• *6412-1816 • Mo–Fr 12–14 & 19–22 Uhr, Sa 19–22 Uhr*
• *Reservierung empfohlen*
• *www.raffles.com/ singapore • $$$$$*

2 Majestic Restaurant

Das im Herzen von Chinatown gelegene, vornehme Restaurant serviert wunderschön angerichtete Kreationen kantonesischer Küche. Zu den Spezialitäten zählen die gemischten Platten von Wasabi-Garnelen und Peking-Ente mit würziger gebratener *foie gras*. ✪ *Karte J5 • New Majestic Hotel, 31–37 Bukit Pasoh Rd • 6511-4718 • Di–So 11.45–15 & 18–22.30 Uhr*
• *www.restaurantmajestic.com • $$$$$*

Schild des IndoChine

3 IndoChine Club Street

Das Restaurant ist eine von fünf Filialen der Kette in Singapur. Das Angebot beinhaltet authentische vietnamesische, laotische und kambodschanische Gerichte sowie eine große Auswahl an Weinen. Das IndoChine Club Street ist bei Geschäftsleuten sehr beliebt.
✪ *Karte K4 • 47 Club Street, Chinatown*
• *6323-0503 • Mo–Fr 12–22.30 Uhr, Sa 18–22.30 Uhr • www. indochine-group.com*
• *$$$$$*

4 Morton's, The Steakhouse

Eifrige Kellner tischen riesige Platten mit Rindfleisch oder Gemüse auf. Auch Meeresfrüchte wie herrlich frischer Hummer, Austern und Krabben werden angeboten. ✪ *Karte N2 • Mandarin Oriental Singapore, 5 Raffles Avenue*
• *6339-3740 • Mo–Sa 17.30–23 Uhr, So 17–22 Uhr • Reservierung empfohlen*
• *www.mortons.com/singapore • $$$$$*

5 TungLok Heen

Das Restaurant begeistert alle, die traditionelle chinesische Küche schätzen. Die Speisekarte bietet eine Auswahl an köstlichen Chaozhou-Gerichten, feurige Speisen aus der Provinz Hunan und wundervolle Kreationen des Chefkochs Susur Lee. ✪ *Karte S3*
• *Resorts World Sentosa, Hotel Michael, Lobby Level • 6884-7888 • tägl. 11.30–14.30 & 18.30–22.30 Uhr • www. tunglokheen.com • $$$$$*

Majestic Restaurant

 Wenn auf Speisekarten hinter dem Preis zwei Pluszeichen stehen, kommen noch 10 % Servicegebühr und 7 % Steuern hinzu.

Summer Pavilion

Das eleganteste Lokal im The Ritz-Carlton, Millenia Singapore serviert erstklassige kantonesische Gerichte. *Dim sum* und Hummernudeln werden gern bestellt. Die Festpreismenüs sind erschwinglich, der Service ist tadellos. *Karte N2 • The Ritz-Carlton, Millenia Singapore, 7 Raffles Ave • 6434-5286 • tägl. 11.30–14.30 & 18.30–22.30 Uhr • www. ritzcarlton.com • $$$$$*

Morton's, The Steakhouse

The White Rabbit

Das in einer wunderschön restaurierten Kapelle untergebrachte Lokal bietet klassische europäische Küche und gute Cocktails. In den Partynächten legen oft DJs auf. *39C Harding Rd • 9721-0536 • Di–Fr 12–14.30 Uhr, Sa & So 10.30–15 Uhr, Di–So 18.30–22.30 Uhr • www.thewhiterabbit.com.sg • $$$$*

Rang Mahal

Das seit 1971 bestehende Restaurant bietet exquisite Speisen nach Rezepten aus Nord- und Südindien sowie aus den indischen Küstenregionen. Die Weinkarte ist umfangreich. *Karte N2 • Pan Pacific Singapore, 7 Raffles Blvd • 6333-1788 • tägl. 12–14.30 & 18.30–22.30 Uhr • www.rangmahal.com.sg • $$$$$*

Mikuni

Die traditionellen japanischen Gerichte tragen eine moderne Note. Das Restaurant bietet Robatayaki, Sushi- und Teppanyaki-Theken und eine gut besuchte Sake-Bar. *Karte M1 • Fairmont Singapore, 80 Bras Basah Rd • 6431-6156 • tägl. 12–14.30 & 18.30–22.30 Uhr • www.fairmont.com • $$$$$*

CUT

Wolfgang Pucks erstes Restaurant in Asien verleiht klassischen Steakhouse-Gerichten zeitgenössischen Touch. Gäste erwarten perfekt zubereitete Steaks, ein erstklassiger Weinkeller und makelloser Service. *Karte P4 • The Shoppes at Marina Bay Sands, Galleria Level • 6688-8517 • tägl. 18–22 Uhr (Fr & Sa bis 23 Uhr) • www.marinabaysands.com • $$$$$*

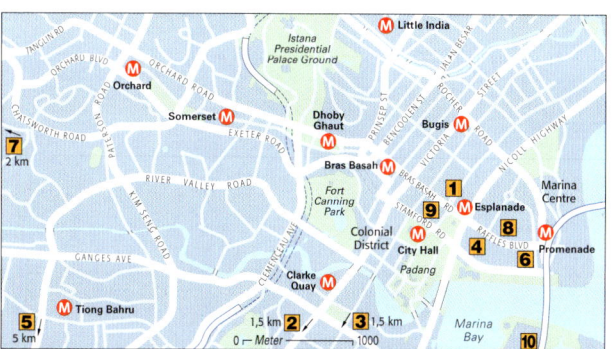

Links **Harry's Bar, Boat Quay** Rechts **Loof**

Bars & Lounges

1 Harry's Bar, Boat Quay
Die Bar war einst Stamm-
lokal von »Rogue Trader« Nick
Leeson (siehe S. 31). Wegen der
Nähe zum Finanzdistrikt wird sie
heute noch gern von Geschäftsleuten nach Feierabend aufgesucht. Auf Fernsehern laufen
Sportübertragungen (meist Fuß-
ball oder Rugby). Es gibt Tische
im Freien am Flussufer. ✆ Karte L3
• 28 Boat Quay • 6538-3029 • So–Do 11–
1 Uhr, Fr, Sa & vor Feiertagen 11.30–2 Uhr

2 Harry's, Dempsey Hill
Die schlichte Lounge der
Harry's-Kette liegt inmitten der
wachsenden Ansammlung von
Galerien, Restaurants und Kneipen auf Dempsey Hill. Sofas und
niedrige Tische sorgen für eine
entspannte Atmosphäre. Von 17
bis 21 Uhr ist Happy Hour, don-
nerstags und freitags gibt es
Livemusik. ✆ Karte S3 • 11 Dempsey
Road • 6471-9019 • Mo–Fr 16–1 Uhr,
Sa & So 12–1/2 Uhr

3 Crazy Elephant
Da im Crazy Elephant Musik
und Bier im Vordergrund stehen,
ist die Atmosphäre legerer als
in anderen Bars. Jeden Abend
spielen einheimische Bands und
Gastmusiker Rock 'n' Roll. Die
Tische im Freien bieten Blick
auf den Fluss. ✆ Karte K2 • Clarke
Quay • 6337-7859 • tägl. 17–2/3 Uhr

4 No. 5, Emerald Hill
Die Bar liegt in einem Pera-
nakan-Shophouse von 1910 nahe
der Orchard Road. Lage, Ambiente und Cocktails locken vor allem
ausländische Bürger nach Feierabend an. Tagsüber ist es ruhiger
und man kann die chinesischen
Teakschnitzereien und Opiumbet-
ten bestaunen. ✆ Karte C5 • 5 Emerald Hill • 6732-0818 • tägl. 12–2/3 Uhr

5 Acid Bar
Aufgrund der zentralen Lage
strömen zahlreiche Besucher zu
den Konzerten mit Top-40- und

Livemusik im Crazy Elephant

 Clubs & Discos siehe S. 62f

Pop/Rock-Covern. Die Tanzfläche ist bis frühmorgens gut gefüllt. Die Bar bietet nur Stehplätze. An Werktagen werden Happy Hours geboten und die Atmosphäre ist ruhiger. ◈ Karte C5 • 01–01/02 Peranakan Place, 80 Orchard Rd • 6732-6966 • So–Do 17–2 Uhr, Fr & Sa 17–3 Uhr

KU DÉ TA

Gäste genießen in beeindruckender Lage auf einer Dachterrasse exzellente Gastronomie und Unterhaltung. Zum KU DÉ TA gehören zwei Einrichtungen: Die Clublounge lockt ein elegantes Publikum an, das schicke Restaurant bietet moderne asiatische Küche. ◈ Karte B4 • 1 Bayfront Avenue, Sands SkyPark, Marina Bay Sands • 6688-7688 • tägl. ab 23 Uhr

Muddy Murphy's Irish Pub

Wer übermächtigen Durst auf Guinness verspürt, kommt in der netten Kellerbar auf seine Kosten. Auf einem Großbildfernseher sind internationale Rugby- und Fußballspiele zu sehen. Am Wochenende spielen Bands Pop und Rock. Es gibt auch Tische im Freien. ◈ Karte A3 • 442 Orchard Road • 6735-0400 • tägl. 11–1/2 Uhr

Loof

Der urige Charakter der auf einer Dachterrasse gelegenen Bar ist schon am Namen erkennbar: »Loof« statt »Roof« ist eine heiter-ironische Anspielung auf die ortstypischen Eigenheiten bei der Aussprache von Fremdwörtern. Gäste genießen asiatisch inspirierte Cocktails wie Ho Chi Mint und Bandung Bloom sowie landestypische Gerichte. ◈ Karte M1 • 331 North Bridge Rd,

Muddy Murphy's Irish Pub

03–07 Odeon Towers Extension Rooftop • 6338-8035 • So–Do 17–1 Uhr, Fr & Sa 17–3 Uhr

1-Altitude

Die Bar befindet sich auf der Dachterrasse von einem der höchsten Gebäude Singapurs. Sie ist die höchstgelegene der Welt. Die Tanzfläche ist von Palmen umringt, Entspannung bieten Liegen mit Blick auf die Marina Bay. ◈ Karte L4 • 1 Raffles Place, 63. St • 6438-0410 • tägl. 18–2 Uhr (Fr & Sa bis 4 Uhr, So bis 1 Uhr)

One Rochester

Die umfangreiche Wein- und Cocktailkarte und die großartigen Speisen locken Scharen von Besuchern in die schicke Gastrobar in einem Bungalow aus der Kolonialzeit. ◈ Karte S3 • 1 Rochester Park • 6773-0070 • Mo–Do 18–24 Uhr, Fr, Sa & vor Feiertagen 18–2 Uhr

Mehr über das Nachtleben in Singapur
www.touristiklinks.de/stadt/singapur/nachtleben/

Links **Butter Factory** Rechts **Island Bar im Dragonfly, St. James Power Station**

TOP10 Clubs & Discos

1 Zouk

Der Club genießt weltweites Renommee für seine innovative Dance Music. In dem umgebauten Lagerhaus sind neben dem in den Gewölberäumen untergebrachten Zouk drei weitere Lokalitäten ansässig: Phuture ist ein futuristischer Club für experimentelle Musik, Velvet Underground eine legere Lounge, die Wine Bar bietet Entspannung im Freien. ✆ *17 Jiak Kim Street • 6738-2988 • Mi, Fr & Sa ab 22 Uhr • www.zoukclub.com.sg*

2 Vice

Das Vice bietet die exklusive Atmosphäre eines VIP-Clubs. Im Erdgeschoss befindet sich eine riesige Tanzfläche, auf dem Balkon mit Lounge-Charakter im ersten Stock können Besucher entspannen. Das Soundsystem und die Projektionstechnologie sind hochmodern. Gespielt werden Electronic Dance Music, Hip-Hop und Trance. ✆ *Karte K2 • River Valley Road (Block 3C), Clarke Quay • 9068-4417 • Fr 22–3 Uhr, Sa 22–4 Uhr*

3 Helipad

Den Club erreicht man mit dem Aufzug vom Parkhaus im Gebäude The Central aus. Er bietet tolle Aussicht auf den Singapore River und eine großartige Partyatmosphäre. Bei der Ladies' Night am Mittwoch ist der Eintritt für Frauen frei. ✆ *Karte L3 • The Central, 6 Eu Tong Sen St • 6327-8118 • Di & Do 18–2 Uhr, Mi & Fr 18–3 Uhr, Sa 20–3 Uhr • www.helipad.com.sg*

4 Canvas

Das mit dem Home Club verbundene Canvas widmet sich Lifestyle und Unterhaltung. Als Mischung aus Club, Lounge und Kunstgalerie weckt es das Interesse von Besuchern durch Kunst, Mode und Musik. ✆ *Karte L3 • 20 Upper Circular Rd, B1–01/06, The Riverwalk • 6538-2928 • Di 15–22 Uhr, Mi–Fr 15–3 Uhr (Do bis 2 Uhr), Sa 15–4 Uhr • www.canvasvenue.sg*

5 kyō

Der im Untergeschoss eines im Herzen von Singapurs Central Business District gelegenen Wolkenkratzers untergebrachte Club verfügt über die längste Bartheke der Stadt. Beliebte Musikstücke und zeitgenössische Kunstwerke locken allabendlich ein elegantes Publikum an. ✆ *Karte L4 • 133 Cecil St, Keck Seng Tower • 8299-8735 • Mi & Do 21–4 Uhr, Fr 21–4.30 Uhr, Sa 23–6 Uhr • www.clubkyo.com*

Die Lounge Velvet Underground im Zouk

Wenn nicht anders angegeben, verlangen die Clubs & Discos Eintritt, der je nach Wochentag und Programm variiert.

Attica

Der Club mit vier Areas wird gern von Prominenten besucht. Am besten beginnt man den Abend in der Bar Rose, deren Tische im Freien Blick auf den Singapore River bieten. Nachdem man anschließend Level 1 und Level 2 besucht hat, empfiehlt sich eine Pause im Courtyard, einem Garten mit balinesischem Flair. Den Rest der Nacht kann man auf Level 2 durchfeiern.

◈ *Karte K2 • 3A River Valley Rd, 01–03 Clarke Quay • 6333-9973 • Level 1: Mi, Fr, Sa & vor Feiertagen 22.30–4 Uhr; Level 2: Mi, Fr, Sa & Feiertage 23–5.30 Uhr; Bar Rose: Di–Sa & vor Feiertagen ab 18 Uhr • www.attica.com.sg*

The Butter Factory

Der Club dient auch als Galerie – die Wände zieren Werke einheimischer Künstler und Cartoonisten. In einem Raum sind Hip-Hop und Dance Music, im anderen Electronica und Indie zu hören. ◈ *Karte J2 • One Fullerton, 02–02/04 • 6333-8243 • Mi 23–4 Uhr, Fr, Sa & vor Feiertagen 23–5 Uhr • www.thebutterfactory.com*

St. James Power Station

In dem Komplex kann man gut eine ganze Nacht verbringen. Neun Clubs bieten Musik für jeden Geschmack. Im Dragonfly, dem beliebtesten Mandarin-Club in Singapur, präsentieren Schlagersänger und Tanzbands chinesische Popsongs. Im Bellini Room sind exzellenter Big-Band-Sound, Jazz und Swing zu hören. ◈ *Karte S3 • 3 Sentosa Gateway • 6270-7676 • Mo–Do & So 18–3 Uhr, Fr & Sa 18–5 Uhr • www.stjamespowerstation.com*

Pangaea

Harry's The Sail, Marina Bay

Harry's betreibt 27 Lokale in Singapur. The Sail richtet sich an Geschäftsleute. Das Bier Harry's Premium Lager stammt aus der hauseigenen Brauerei. ◈ *Karte K2 • 4 Marina Boulevard, 01–31 • 6325-1321 • Mo & Di 11.30–23 Uhr, Mi–Fr & Feiertagen 11.30–1 Uhr, Sa 16–23 Uhr • www.harrys.com.sg*

Pangaea

Die äußerst elegante Lounge befindet sich nahe dem Casino in Marina Bay Sands im Zentrum des Central Business District. Sie lockt ein internationales Publikum an, zu dem auch viele prominente Gäste gehören. Auch Madonna zählte schon zu den Besuchern. ◈ *Karte N3 • Marina Bay Sands • 8611-7013 • Mi–Sa 22–6 Uhr • www.pangaea.sg*

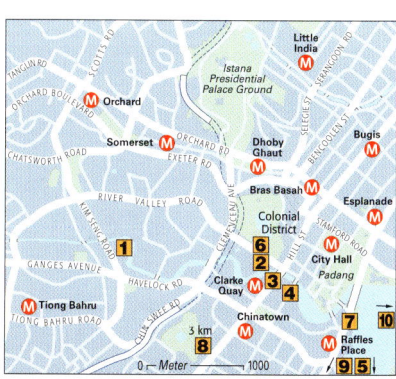

STADTTEILE

TOP 10 SINGAPUR

Links **Wak Hai Cheng Bio Temple** Mitte **Figur im Thian Hock Keng Temple** Rechts **Ann Siang Hill**

Chinatown

S IR STAMFORD RAFFLES' GRUNDRISS FÜR SINGAPUR *von 1822 teilte die Stadt in deutlich umrissene Viertel auf, die sich bis heute gehalten haben. Damals entstanden in der Gegend südlich des Singapore River neue Godowns (Lagerhäuser) und Schifffahrtsbüros, hinter denen chinesische Arbeiter in beengten Verhältnissen lebten. Es wurden Tempel gebaut und Clans gebildet –*

Gruppen von Chinesen, die Dialekt, Namen oder regionale Wurzeln teilten und Neuankömmlinge bei der Arbeits- und Unterkunftssuche unterstützten. Wie die anderen Enklaven in Singapur war Chinatown nie homogen. Vor allem nach Eröffnung des Hafens in Tanjong Pagar beheimatete es auch viele indische Arbeiter. Entsprechend stehen heute Taoisten- und Hindu-Tempel, Kirchen und Moscheen nebeneinander – ganz im multikulturellen Geist der Stadt.

Buddha Tooth Relic Temple

Attraktionen

1. Thian Hock Keng Temple
2. Wak Hai Cheng Bio Temple
3. Sri Mariamman Temple
4. Masjid Jamae
5. Masjid Al-Abrar
6. Chinatown Heritage Centre
7. Chinatown Pedestrian Mall
8. Singapore City Gallery
9. Buddha Tooth Relic Temple
10. Ann Siang Hill Park

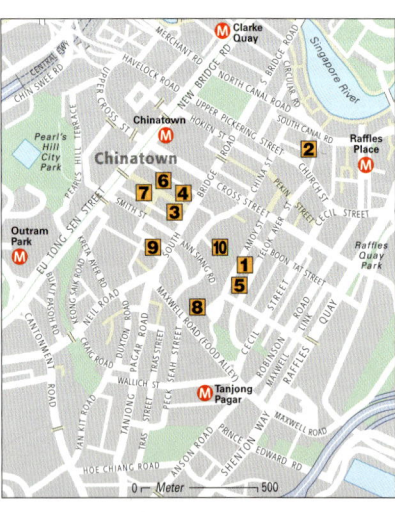

Shophouses sind ein einzigartiges architektonisches Element in Singapur. Chinesische Einwanderer brachten den Baustil mit.

Sri Mariamman Temple

Thian Hock Keng Temple

Obwohl der Tempel heute zu den großen Besucherattraktionen Singapurs zählt, hat er sich seine Authentizität als wichtiges Gotteshaus der ansässigen Hoklo-Gemeinde bewahrt. Der Bau im Stil südchinesischer Tempel folgt den Regeln des *feng shui*, traditionellen Gesetzen für die energetisch optimale Anordnung und Einrichtung von Räumen. Der Tempel ist taoistisch und der Göttin Mazu (Ma Cho Po) geweiht, öffnet sich mit dem Schrein für Bodhisattva Guanyin und der Swastika auf der Außenmauer aber auch buddhistischen Lehren *(siehe S. 12f)*.

Wak Hai Cheng Bio Temple

Der kleine, fast magisch wirkende Tempel ist das taoistische Zentrum der Teochew-Chinesen. Im Innenhof hängen Reihen von Räucherspiralen an einem Gitter. Der Tempel mit dem schrägen, von bunten Keramikfiguren bedecktem Dach steht in eigen-

tümlichem Kontrast zu den Glas-Stahl-Wolkenkratzern in der Umgebung. Zwei Hallen sind Mazu und dem mächtigen Gott Xuanwu Shangdi gewidmet, dem Herrscher über die Elemente. ✆ *Karte L4 • 30B Phillip Street • tägl. 9–18 Uhr*

Sri Mariamman Temple

In dem Tempel wird Sri Mariamman, die Muttergöttin der Hindus, verehrt. Er ist der älteste hinduistische Tempel Singapurs und wurde 1823 von dem Regierungsbeamten Narayana Pillay gegründet, der auf Raffles' Schiff nach Singapur gelangte. Den heutigen Tempel erbauten ehemalige indische Sträflinge 1843. Da Sri Mariamman nach hinduistischem Glauben Heilkräfte besitzt, werden auf der Anlage kostenlose medizinische Behandlungen angeboten. ✆ *Karte K4 • 244 South Bridge Road • 6223-4064 • tägl. 7–12 & 18–21 Uhr • www.heb.gov.sg*

Masjid Jamae

Die auch Masjid Chulia genannte Moschee wurde von Chulia, von der Südküste Indiens stammenden Moslems, die Handel und Geldwechsel betrieben, erbaut. Die Chulia finanzierten

auch die Errichtung der nahe gelegenen Masjid Al-Abrar *(siehe S. 68)*. Die eindrucksvolle Fassade der Masjid Jamae mit den Gittern und den beiden hohen Minaretten mit seitlich eingelassenen *mihrabs* ist südindisch geprägt. Besucher müssen Schultern und Knie bedeckende Kleidung tragen oder bekommen Umhänge geliehen. ✆ *Karte K4 • 218 South Bridge Road • 6221-4165 • Sa – Mo 10.30–18 Uhr*

Masjid Jamae

Shopping in Chinatown

Masjid Al-Abrar

5 Da die einst wichtigste Moschee Singapurs ursprünglich eine mit *attap* (Stroh) gedeckte Holzhütte war, wurde sie auch »Koochoo Palli« oder »small hut house« genannt. Sie diente den in der Umgebung lebenden Gläubigen. Heute fügt sich die Fassade der zwischen Shophouses gelegenen Moschee ins Stadtbild ein. Das Gotteshaus wird nur noch von einigen Arbeitern aus der Gegend genutzt. Die meisten Muslime besuchen Moscheen, die näher an ihren Wohnorten liegen. ❖ *Karte L5* • *192 Telok Ayer Street* • *6220-6306*

Chinatown Heritage Centre

6 Das Museum erstreckt sich über drei restaurierte Shophouses im Herzen von Chinatown. Es zeigt anhand von Dioramen die einst harten Lebens- und Arbeitsbedin-

Sprechzimmer, Chinatown Heritage Centre

gungen der chinesischen Einwohner Singapurs. Auf drei Etagen sind Szenen aus Läden, Coffeeshops und Wohneinheiten nachgestellt. Eine interessante Ausstellung widmet sich den »vier Übeln« Glücksspiel, Opiumgenuss, Prostitution und Geheimbündlerei *(siehe S. 37).*

Chinatown Pedestrian Mall

7 In den beiden für Fahrzeuge gesperrten Straßen bieten Stände Nippes, Tand und Trödel aus China an. Auch Schnitzereien und Batikwaren aus Indonesien sowie Lackwaren und Seide aus Vietnam sind erhältlich. Hinter den Ständen verkaufen Läden hochwertigere Kunstobjekte und Antiquitäten. Ein Stück der nahen Smith Street wird abends zur Imbissmeile umfunktioniert *(siehe S. 57).* ❖ *Karte K4* • *Trengganu Street & Pagoda Street* • *tägl. 10–23 Uhr*

Singapore City Gallery

8 Die Urban Redevelopment Authority (Stadtsanierungsamt) überwacht die Nutzung des knappen Bodens in Singapur. Für die Galerie fertigte sie ein Modell der Innenstadt an, das einen hervorragenden Überblick über die historischen Sehenswürdigkeiten liefert und Einblicke in die Stadt-

Klassische Shophouses bergen im Erdgeschoss einen Laden und im Obergeschoss die Wohnquartiere der Besitzer.

planung gewährt. Die Galerie zeigt außerdem Wechselausstellungen und bietet Führungen an. ☉ Karte K5 • 45 Maxwell Road • 6321-8321 • Mo–Sa 9–17 Uhr • frei • www.ura.gov.sg

Buddha Tooth Relic Temple

Der 2007 für 53 Millionen Singapur-Dollar fertiggestellte Komplex beherbergt eine Zahnreliquie Buddhas. Das Gebäude birgt Gebets- und Meditationsräume, ein Theater, Museen, ein Ausstellungszentrum, einen Geschenkeladen und ein Teehaus. Der Grundriss entspricht der buddhistischen Weltordnung, der Baustil der chinesischen Tang-Dynastie. Der Zutritt in kurzen Hosen oder Röcken und ärmellosen Tops ist untersagt. ☉ Karte K4 • 288 South Bridge Road • 6220-0220 • tägl. 7–19 Uhr • www.btrts.org.sg

Ann Siang Hill Park

Ann Siang Hill ist einer der wenigen verbliebenen Hügel, in die Chinatown und Tanjong Pagar einst eingebettet waren. Der Park reicht bis zur Spitze des Hügels, Stufen und Stege gewähren Blicke über die Dächer der Shophouses. ☉ Karte K4/L4 • Zugang über Amoy Street & Club Street

Stadtmodell, Singapore City Gallery

Ein Tag in Chinatown

Vormittag

🕐 Nehmen Sie von der MRT-Station Chinatown den Übergang über Eu Tong Sen Street und New Bridge Road zur Pagoda Street, um den Tag mit einem Besuch des **Chinatown Heritage Centre** zu beginnen. Dieses bietet einen guten Überblick über die historischen Bauten des Viertels. Schlendern Sie dann durch die **Chinatown Pedestrian Mall**, wo zahllose Imbissstände Snacks und Getränke anbieten. Entlang der South Bridge Road bietet sich ein perfektes Beispiel für multikulturelle Harmonie in Singapur: Hier können Sie die **Masjid Jamae** an der Ecke der Mosque Street, den **Sri Mariamman Temple** in der Temple Street sowie den **Buddha Tooth Relic Temple** an der Sago Street besuchen.

Nachmittag

Ein authentisches Mittagessen und kühle Getränke bekommen Sie gegenüber dem buddhistischen Tempel an einem der Imbissstände im **Maxwell Food Centre** (siehe S. 56). Wer lieber im Restaurant speist, schlendert den Ann Siang Hill hinauf in die Club Street. Dort befinden sich einige schicke asiatische und internationale Restaurants in restaurierten Shophouses. Frisch gestärkt spazieren Sie die Club Street entlang, um die Architektur zu bewundern. Nehmen Sie dann die Abkürzung durch den **Ann Siang Hill Park** zur Amoy Street, wo PR- und Werbeagenturen angesiedelt sind. Direkt am Ausgang des Parks erwartet Sie der **Thian Hock Keng Temple**.

 Für buddhistische Tempel gelten in etwa die gleichen Verhaltensregeln wie für Hindu-Tempel siehe S. 17

Links **The Tea Chapter** Mitte **Kalligrafie** Rechts **Chinesisches Damespiel**

TOP 10 Chinesische Kultur

1 Eu Yan Sang Clinic for Traditional Medicine

Über 45 Prozent der Singapurer nutzen traditionelle chinesische Medizin. Eu Yan Sang betreibt in Singapur und Malaysia 20 Kliniken. ✪ *Karte K4 • 273 South Bridge Road • 6223-5085 • Mo–Sa 9–18 Uhr • www.euyansang.com*

2 Eu Yan Sang Clinic for Acupuncture

In Eu Yan Sangs Akupunkturpraxen stimuliert man die positive Energie des Körpers mit Nadeln. ✪ *Karte K4 • 273 South Bridge Road • 6223-5085 • Mo–Sa 9–18 Uhr*

3 Tea Chapter

In dem nostalgischen Teehaus kann man entspannen und die Kunst der chinesischen Teezeremonie erlernen. ✪ *Karte K5 • 9/11 Neil Road • 6226-1175 • tägl. 11–22.30 Uhr • www.teachapter.com*

4 Chinese Theatre Circle

Kostüme, Musik und die Demonstration von Spieltechniken halten die Chinesische Oper am Leben. ✪ *Karte K4 • 5 Smith Street • 6323-4862 • Teehaus: Di–So 12–17 Uhr; Aufführungen: Fr & Sa 19 Uhr • www.ctcopera.com.sg • Eintritt*

5 Kenko Wellness Spa

Die Fußmassagen amerikanisch-chinesischer Art entspannen durch Fingerspit-zendruck auf die Reflexzonen den ganzen Körper. ✪ *Karte K4 • 199 South Bridge Road • 6223-0303 • tägl. 10.30–21 Uhr*

6 Wet Market

Der Boden solcher Märkte für Obst, Gemüse, Fleisch und Trockenwaren wird täglich mit Wasser ausgespritzt – daher der Name. ✪ *Karte K4 • Chinatown Complex (siehe S. 72) • Di–So 5–12 Uhr*

7 Siong Moh Trading

Der Laden verkauft falsche Geldscheine und Papiermodelle von Luxusartikeln, die traditionell als »Höllengeld« für die Seelen Verstorbener verbrannt werden. ✪ *Karte K4 • 39 Mosque Street • 6224-3125 • Mo–Sa 9–17 Uhr*

8 Chinatown Night Market

Kalligrafen übersetzen am Straßenrand Namen in chinesische Schriftzeichen *(siehe S. 72)*.

9 Da Wei Arts n Crafts

Der Laden vertreibt chinesischen Künstlerbedarf wie Reispapier, Pinsel, Tinte und Tintensteine. ✪ *Karte K4 • 270 South Bridge Road • 6224-5058 • tägl. 11–19.30 Uhr*

10 Chinesisches Damespiel

Unbeirrt vom Besucherstrom sitzen Einheimische beim Damespiel. ✪ *Karte K4 • Sago & Trengganu Street*

Zwischen englisch und chinesisch erzogenen Chinesen gibt es einen tiefen Graben. Letztere gelten als sehr konservativ.

IndoChine Sa Vanh Bistro

 Restaurants

1 Hometown Restaurant
Die Gerichte aus der chinesischen Provinz Sechuan sind in der Regel großzügig mit Chili, schwarzem Pfeffer und Salz gewürzt. ✆ *Karte K4 • 9 Smith Street • 6372-1602 • tägl. 11–22 Uhr • $$*

2 Yum Cha
In dem stilvollen Shophouse werden feines *dim sum*, kantonesische Köstlichkeiten und knuspriges Gebäck serviert. ✆ *Karte K4 • 20 Trengganu St • 6372-1717 • Mo–Fr 11–23 Uhr, Sa & So 9–23 Uhr • $$*

3 IndoChine Sa Vanh Bistro
Seide, Kerzen und Räucherwerk schaffen das Ambiente für Gerichte aus Laos, Vietnam und Kambodscha. ✆ *Karte K4 • 47 Club Street • 6323-0503 • Mo–Fr 12–14 Uhr, Sa 17–3 Uhr • $$$$*

4 Da Paolo il Ristorante
Der Edelitaliener serviert z. B. Lammkeule und Spaghetti mit Tintenfischtinte. ✆ *Karte K4 • 80 Club Street • 6224-7081 • Mo–Fr 11.30–14.30 & 18.30–22.30 Uhr, Sa 18.30–22.30 Uhr • $$$$*

5 Grand Shanghai
In einem Ambiente der 1920er Jahre werden Meeresfrüchte und Fischgerichte aus Shanghai serviert. ✆ *390 Havelock Road • 6836-6866 • Di–Fr & So 12–14.30 Uhr, Di–So 18.30–22.30 Uhr • $$$*

6 Universal Restaurant & Wine Bar
Zu den modernen australischen Gerichten werden über 300 verschiedene Weine angeboten. Das Ambiente vereint Gemütlichkeit mit Modernität. ✆ *Karte K5 • 36 Duxton Hill • 6325-0188 • Mo–Fr 12–14 & 18.30–22 Uhr, Sa 18.30–22 Uhr • $$$*

7 Blue Ginger
In dem Lokal locken Peranakan-Gerichte wie *ayam buah keluak* – Chickencurry mit indonesischen Nüssen. ✆ *Karte K5 • 97 Tanjong Pagar Road • 6222-3928 • tägl. 12–14.30 & 18.30–22.30 Uhr • $$$*

8 Annalakshmi
Das indisch-vegetarische Lokal wird vom Wohlfahrtsverband Temple of Fine Arts betrieben. ✆ *Karte K4 • 01–04 Central Square, 20 Havelock Rd • 6339-9993 • tägl. 11–15 & 18.15–21.30 Uhr • keine festen Preise*

9 Taj Authentic Indian Cuisine
Die in dem Lokal servierten Huhn- und Hammel-*biryanis* sind köstlich. ✆ *Karte K4 • 214 South Bridge Road • 6226-6020 • tägl. 11.30–20 Uhr • $*

10 Ci Yan Organic Health Food
Die feinen chinesisch-vegetarischen Gerichte wechseln täglich. ✆ *Karte K4 • 8 Smith Street • 6225-9026 • tägl. 12–22 Uhr • $*

 Wenn nicht anders angegeben, akzeptieren die Restaurants Kreditkarten und bieten auch vegetarische Gerichte an.

Links **Yue Hwa Chinese Emporium** Rechts **Orchid Chopsticks**

TOP 10 Shopping

1 Yue Hwa Chinese Emporium

Das Warenhaus ist für sein Angebot an chinesischem Kunsthandwerk bekannt – Seidenkleidung, besticktes Leinen, Jadeschmuck und vieles mehr. ✺ Karte K4
• 70 Eu Tong Sen Street • 6538-4222
• tägl. 11–21 Uhr (Sa bis 22 Uhr)

2 The Tintin Shop

Fans von Tim und Struppi finden alle Arten von Produkten rund um die beiden Comicfiguren vor. ✺ Karte K4 • 56 Pagoda St • 8183-2210 • tägl. 10–22 Uhr

3 Yong Gallery

Die Galerie präsentiert zwei traditionelle Kunstformen: Kalligrafie und Holzschnitzerei.
✺ Karte K4 • 260 South Bridge Rd
• 6226-1718 • tägl. 10–19 Uhr

4 World Arts & Crafts

Das reiche Sortiment an Kristallen – im Naturzustand oder in Schmuck gefasst – stammt aus China und Südamerika. ✺ Karte K4
• 131–28 People's Park, 101 Upper Cross St • 6532-0056
• tägl. 12–19 Uhr

5 Orchid Chopsticks

Die in dem Laden angebotenen, hübsch verzierten Essstäbchen sind wunderschöne Souvenirs.
✺ Karte K4 • 42 Pagoda St
• 6423-0488 • variierende Öffnungszeiten

6 Chinatown Seal Carving

Kunsthandwerker übertragen Namen oder Sprüche in chinesische Schriftzeichen und gravieren sie in steinerne »chops« (chinesische Stempel). ✺ Karte K4
• 228 South Bridge Rd • 6534-1128
• tägl. 10.30–18 Uhr

7 Ming Fang Antique House

Das Sortiment umfasst Jadeschmuck, Buddha-Statuen und Statuetten aus kommunistischer Zeit ebenso wie Messingdrachen. ✺ Karte K4 • 274 South Bridge Rd
• variierende Öffnungszeiten

8 Chinatown Night Market

Der Name ist irreführend, da die Stände auch tagsüber allerlei Souvenirs anbieten. Preisvergleiche lohnen sich. ✺ Karte K4 • Pagoda & Trengganu St • tägl. 11–23 Uhr

9 Chinatown Complex

Der Shoppingkomplex bietet vor allem Haushaltswaren, aber auch einige außergewöhnliche Schnäppchen und ein tolles Hawker Center (siehe S. 57). ✺ Karte K4
• 335 Smith Street • variierende Öffnungszeiten

10 Asian Art House

Die Laden verkauft Ölgemälde, Skulpturen, Vasen, Schmuckkästchen und andere Kostbarkeiten.
✺ Karte K4 • 7 Trengganu Street • 6221-1826 • tägl. 10–22 Uhr

Mehr über Singapurs Chinatown www.chinatown.sg

Links **Eiertörtchen in der Konditorei Tong Heng** Rechts **Red Dot Design Museum**

TOP 10 Dies & Das

1 Tang Yuan Apparel
Unter den Läden in China-town, die die traditionelle chine-sische Kleidung *cheongsam* ver-kaufen, bietet Tang Yuan Apparel eine besonders gute Auswahl. ◈ *Karte K4 • 20 Trengganu St • 6227-4958 • tägl. 10 – 22 Uhr*

2 Bee Cheng Hiang
Bee Cheng Hiang ist auf *bak kwa* (gegrillte Schweine-fleischstreifen) verschiedenen Geschmacks spezialisiert. Oft reicht die Warteschlange rund um den Block. ◈ *Karte K4 • 189 New Bridge Road • 6223-7059 • tägl. 8 – 22 Uhr*

3 Speakers' Corner
Diese Bühne im Park ist Sin-gapurs offizielle Plattform für öf-fentliche Reden – sofern diese weder Rasse noch Religion ver-unglimpfen. ◈ *Karte K3 • Hong Lim Park, Ecke Upper Pickering Street & New Bridge Road • tägl. 7 – 19 Uhr*

4 Fuk Tak Chi Museum
Der kleine ehemalige Schrein der Kantonesen und Hakka zeigt nun verschiedene Ar-tefakte. ◈ *Karte L4 • 76 Telok Ayer Street • 6532-7868 • tägl. 10 – 22 Uhr*

5 Mei Heong Yuen Dessert
Die landestypischen Desserts wie Man-del-, Sesam- oder Walnusspaste oder Mango-Wassereis sind köstlich.

◈ *Karte K4 • 63 – 67 Temple Street • 6221-1156 • tägl. 10.30 – 21.30 Uhr*

6 Tai Chong Kok
Mondkuchen sind traditionell mit Lotussamenpaste gefüllt. In diesem Laden sind sie in vielen modernen Geschmacksrichtun-gen erhältlich. ◈ *Karte K4 • 34 Sago Street • tägl. 9 – 19 Uhr (Mo bis 18 Uhr)*

7 Tong Heng Confectionery
Die Patisserie kreiert chinesi-sche Eiertörtchen – die ortstypi-sche Variation eines portugiesi-schen Rezepts. ◈ *Karte K4 • 285 South Bridge Road • 6223-0398 • tägl. 9 – 22 Uhr*

8 Red Dot Design Museum
Die gezeigten Werke wurden mit dem Red Dot Design Award, einem international angesehenen Preis, ausgezeichnet. ◈ *Karte K5 • 28 Maxwell Road • 6327-8027 • Fr – Di 11 – 18 Uhr (Sa & So bis 20 Uhr) • Eintritt • www.museum.red-dot.sg*

9 Club Street
Die einst den chinesischen Clans gehörende Straße säumen nun Restaurants und Bou-tiquen. ◈ *Karte K4/L4*

10 Chinese Weekly Enter-tainment Club
Die Villa (1892) war früher Treffpunkt der High Society. ◈ *Karte K4 • 76 Club Street • für die Öffentlichkeit geschl.*

In Singapur kann man fast überall mit Kreditkarte bezahlen. Kleinere Läden berechnen dafür manchmal eine Gebühr.

Links **Serangoon Road** Mitte **Malay Heritage Centre** Rechts **Mustafa Centre**

Little India & Kampong Glam

I N DEN ANFÄNGEN SINGAPURS *siedelten sich Bauern im heutigen Little India an und betrieben Viehzucht. Das Gewerbe blühte dank Unterstützung durch indische Arbeiter. Später richtete die Regierung in der Gegend Ziegeleien und Kalkgruben ein, in denen wiederum Inder arbeiteten. Little India war also nicht als ethnisches Viertel geplant, es erwuchs aus der Gemeinschaft der*

Menschen, die es angezogen hatte. Heute lebt das Viertel von Läden mit indischen Waren. Kampong Glam war in Raffles' Stadtplanung von 1822 dem Sultan von Singapur zugeteilt worden und zog Muslime wie Malaien, Bugis (aus Sulawesi) und Araber an. Die Bugis gründeten Schiffswerften. Einige arabische Unternehmen bestehen bis heute. Cafés, Sheesha-Lounges und so manche Läden belegen die Renaissance des muslimischen Viertels.

Sri Srinivasa Perumal Temple

Attraktionen

1. Serangoon Road
2. Sri Veeramakaliamman Temple
3. Sri Srinivasa Perumal Temple
4. Sakya Muni Buddha Gaya Temple
5. Masjid Abdul Gafoor
6. Mustafa Centre
7. Arab Street
8. Masjid Sultan
9. Masjid Hajjah Fatimah
10. Malay Heritage Centre

 *Die Singapur-Inder sind keine homogene Volksgruppe und lassen sich auch nicht durch Sprache oder Religion benennen.*

Serangoon Road

Die Straße ist das Herz von Little India – eine Enklave, die von Singapurs Modernisierungswelle verschont geblieben ist. Noch immer bergen alte Shophouses mit überdachten Durchgängen Familienbetriebe mit buntem Sortiment. Aus ganz Singapur kommen Inder nach wie vor hierher, um indische Produkte wie Kleidung, Lebensmittel und Devotionalien zu kaufen. In manchen Läden arbeiten die Händler, Gewürzmüller, Goldschmiede oder Wäscher noch so, wie sie es schon vor Jahrzehnten taten. ✎ Karte F4–H1

Ganesh-Statue im Sri Veeramakaliamman Temple

Sri Veeramakaliamman Temple

Seit den bescheidenen Anfangstagen in der Mitte des 19. Jahrhunderts wird der Tempel mit der Arbeiterschicht in Verbindung gebracht, schließlich wurde er von den Arbeitern der Gegend und für sie erbaut. Er dient der Verehrung Kalis, einer göttlichen Mutterfigur, die Gläubigen fern der Heimat Trost spendet. Wie bei allen Hindu-Tempeln in Singapur stammen die bunten Dachfiguren von südindischen Kunsthandwerkern, die eigens dafür anreisten (siehe S. 16f).

Sri Srinivasa Perumal Temple

Der Tempel war das erste Gotteshaus in Singapur, das zur Anbetung Vishnus erbaut wurde. Auf den fünf Ebenen des eindrucksvollen gopuram (Torturm) prangen Figuren, die u. a. die Inkarnationen Vishnus und dessen Reittier Garuda – halb Mensch, halb Adler – zeigen. Der Gott Vishnu ist Teil der Hindu-Trinität. Er gilt als Schützer, während Brahma Schöpfer und Shiva Zerstörer ist. Der Tempel ist auch Startpunkt des Thaipusam-Fests und des Thimithi-Fests (siehe S. 44f). ✎ Karte G2 • 397 Serangoon Road • 6298-5771 • tägl. 6.30–12 & 18–21 Uhr • www.heb.gov.sg

Sakya Muni Buddha Gaya Temple

Der kleine buddhistische Tempel wird wegen der 989 Kerzen, die die zentrale Buddha-Figur umringen und zu speziellen Zeremonien entzündet werden, auch Temple of a Thousand Lights genannt. Rund um den Hauptaltar zeigen Wandmalereien Szenen aus dem Leben Buddhas. Hinter dem Altar führt eine kleine Tür zu einer Kammer mit der Darstellung eines liegenden Buddhas. Der Tempel weist sehr viele thailändische Elemente auf. Diese stammen von dem Gründer des Tempels, einem buddhistischen Mönch aus Thailand. ✎ Karte G2 • 366 Race Course Road • 6294-0714 • tägl. 8–16.30 Uhr

Sakya Muni Buddha Gaya Temple

 Weitere Tempel in Singapur siehe S. 39

Istana Kampong Glam

1824 trat Sultan Hussein seine Hoheitsrechte über Singapur an die East India Company ab. Dafür erhielt er jährliche Zuwendungen und ein Stück Land. Nach seinem Tod errichtete sein Sohn Sultan Ali dort den Istana Kampong Glam. Als das königliche Vermögen schwand, fiel das Anwesen 1897 der britischen Krone zu – die Sultansfamilie durfte bleiben. Erst 2004 wurde im Palast das Malay Heritage Centre eingerichtet.

Masjid Abdul Gafoor

Die Moschee zeigt islamische und europäische Architekturelemente. Elegante Säulen stützen maurische Bogen. Das Sonnenmotiv über dem Eingang trägt die Namen der 25 Propheten des Islam als zarte Kalligrafien in den Strahlen. Auch die umliegenden Shophouses gehören zum Gelände: Die Mieteinnahmen dienen dem Unterhalt des Gotteshauses. ✆ *Karte F4/G4*
• *41 Dunlop Street* • *6295-4209*
• *tägl. (achten Sie die Gebetszeiten: 12.30–13.30 & 16.45–17.30 Uhr)*

Mustafa Centre

In dem riesigen Kaufhaus, das sich über zwei Straßenzüge erstreckt, kann man rund um die Uhr indische Produkte erstehen.

Das Angebot reicht von den üblichen Waren – zu hervorragenden Preisen – bis zu bemerkenswerten Kunsthandwerksschätzen aus Gold. Das Kaufhaus führt außerdem ein großes Sortiment an Saris, Modeschmuck, Textilien und Currymischungen. ✆ *Karte G3*
• *145 Syed Alwi Road* • *6295-5855*
• *24 Std.* • *www.mustafa.com.sg*

Arab Street

Die wichtigste Durchgangsstraße von Kampong Glam, dem muslimischen Viertel Singapurs, ist nach den arabischen Händlern benannt, die hier als erste Ausländer siedelten. Ursprünglich wurden in den Läden Gewürze und Textilien verkauft. Heute gibt es auch Batiken, Korbwaren und Produkte aus Indonesien und dem Nahen Osten. ✆ *Karte G4–H5*

Masjid Sultan

Die bedeutendste Moschee der Stadt wurde mit Spenden der muslimischen Gemeinde finanziert. Selbst Glasflaschen, ein Beitrag von den Armen des Viertels, fanden Verwendung: Sie bilden ein glitzerndes Band unterhalb der Kuppel. Die Moschee steht unter der Verwaltung von je zwei Vertretern der sechs bedeutendsten

Masjid Abdul Gafoor

Muslime in Singapur **siehe S. 32f**

Gebetshalle, Masjid Sultan

ethnischen Gruppen – Malaien, Javaner, Bugis, Araber, Tamilen und Nordinder *(siehe S. 14f)*.

Masjid Hajjah Fatimah

Die Singapurer Geschäftsfrau Hajjah Fatimah bewohnte an dieser Stelle ein Haus, das mehrfach ausgeraubt und letztlich in Brand gesteckt wurde. Zum Dank für ihre geglückte Flucht ließ sie um 1846 die Moschee errichten. Der Bau vereint europäische, chinesische und malaiische Architekturelemente. Bemerkenswert ist das schiefe Minarett – Singapurs Version des Schiefen Turms von Pisa.
⊛ *Karte H5 • 4001 Beach Road*
• 6297-2774 • tägl.

Malay Heritage Centre

Der Istana Kampong Glam, lange Wohnsitz des Sultans von Singapur, ist ein gutes Beispiel für die klassizistische Architektur, wie sie Anfang des 19. Jahrhunderts beliebt war. Wie viele Amtsgebäude und Gotteshäuser Singapurs soll er von G. D. Coleman stammen. Nach Auszug der Sultansfamilie wurde der Palast renoviert und im Jahr 2005 als Malay Heritage Centre öffentlich zugänglich gemacht *(siehe S. 36)*.
⊛ *Karte H4 • 85 Sultan Gate • 6391-0450*
• Gelände: Di–So 8–20 Uhr (Fr–So bis 22 Uhr); Museum: Di–So 10–18 Uhr; Eintritt • www.malayheritage.org.sg

Ein Tag in Little India & Kampong Glam

Vormittag

Die Bukit Timah Road führt Sie von der MRT-Station Little India zur Serangoon Road. Dort findet sich in der **Little India Arcade** *(siehe S. 82)* eine Reihe netter Läden mit indischen Produkten. Dann folgen Sie der Serangoon Road bis zum **Sri Veeramakaliamman Temple**, wo Sie das lebhafte Treiben in einem Hindu-Tempel verfolgen können. Ein Stück weiter treffen Sie auf den deutlich ruhigeren **Sri Srinivasa Perumal Temple** – ein friedlicher Ort, an dem man sich in aller Stille mit dem Hinduismus beschäftigen kann. Gehen Sie anschließend über die Perumal Road zur Race Course Road, die Sie nach rechts zum dritten Tempel führt, der eine Besichtigung wert ist: dem buddhistischen **Sakya Muni Buddha Gaya Temple**.

Nachmittag

Von Little India geht es dann mit dem Taxi nach Kampong Glam zu einem entspannten Mittagessen. Speisen Sie ägyptisch im **Altazzag** *(siehe S. 83)* oder genießen Sie die scharfe einheimische Küche im **Sabar Menanti Restaurant** *(siehe S. 83)*. Die Besichtigung beginnt in der **Masjid Sultan**, dem religiösen Herzen des Viertels. Schlendern Sie dann durch die **Bussorah Mall** *(siehe S. 81)*. Dort finden Sie Batiken, Antiquitäten und andere Souvenirs aus der Region. Zweimal links über Baghdad Street und Sultan Gate gelangen Sie dann zum **Malay Heritage Centre**, das über malaiische Kultur und Geschichte informiert.

Folgende Doppelseite Zwillingspagoden im Chinese Garden

Links **ANSA Picture Framing & Art Gallery** Rechts **Rosen-, Ringelblumen- und Jasmingirlanden**

TOP10 Little India erleben

1 Anantha Ayurvedic
Traditionelle indische Medizin wird seit über 500 Jahren praktiziert. In den drei von Anantha in Little India betriebenen Kliniken werden Produkte auf pflanzlicher Basis verwendet. ⊗ *Karte F4*
• *Blk 661, 01–30 Buffalo Road* • *6396-4494* • *Di–So 9–13 Uhr & 15–21 Uhr*

2 Selvi's
Hennamaler applizieren eine ungiftige Paste in filigranen Mustern auf die Hände, wodurch ein hübscher Tattoo-Effekt entsteht. ⊗ *Karte F4* • *Little India Arcade (01–23/ 01–11), 48 Serangoon Road* • *9144-5284* • *Mo–Sa 9–20.30 Uhr, So 8–17 Uhr*

3 Sajeev Studio
Der Fotograf lichtet Männer und Frauen in traditioneller indischer Kleidung samt Schmuck und Make-up ab – ein nettes Andenken. ⊗ *Karte F4* • *23 Kerbau Road* • *6296-6537* • *tägl. 10.30–22 Uhr*

4 Serangoon Ladies Centre
Hier bekommt man fertige *cholis* (Blusen) und Unterröcke, die traditionell zum Sari getragen werden. ⊗ *Karte F4* • *3 Kerbau Road* • *6297-4650* • *Mo–Sa 11.30–18.30 Uhr*

5 The Yoga Shop
Das Zentrum verkauft neben Büchern zahlreiche andere Artikel rund um das Thema Yoga. Auf Wunsch vermittelt es außerdem kostenlosen Unterricht. ⊗ *Karte F3* • *6 Belilios Lane* • *6296-6566* • *Mo–Fr 12–18.30 Uhr, Sa 10.30–20.30 Uhr, So 10.30–17 Uhr*

6 ANSA Picture Framing & Art Gallery
Neben Porträts von Hindu-Gottheiten werden einige weltliche Werke angeboten. ⊗ *Karte F3* • *29 Kerbau Road* • *6295-6605* • *Mo–Sa 9.30–20.30 Uhr, So 10.30–15.30 Uhr*

7 Gemahlene Gewürze
In dem Shophouse werden indische Gewürze in elektrischen Mühlen zu duftendem Pulver vermahlen. ⊗ *Karte F4* • *2 Cuff Road* • *Di–So 9.30–18.30 Uhr*

8 Blumengirlanden
An vielen Straßenecken gibt es handgefädelte Girlanden aus frischen Blumen. ⊗ *Karte F4* • *Campbell Lane & Buffalo Road*

9 Betelnüsse
Straßenhändler wickeln die Samen der *Areca*-Palme zum Kauen in Blätter. ⊗ *Karte F4* • *Campbell Lane & Buffalo Road*

10 Wahrsager
An der Straße lässt ein alter Mann oft seinen Sittich Karten ziehen, um die Zukunft daraus zu lesen. ⊗ *Karte F4* • *Serangoon Road*

Little India verzaubert Besucher mit würzigen Düften und berauschenden Farben.

Links **Baju Kurong, Mona J. Boutique** Rechts **Bussorah Mall**

TOP10 Kampong Glam erleben

Mona J. Boutique
Der Laden verkauft *baju kurong* (»Kleidung, die verhüllt«), im typisch malaiischen Stil mit Sinn für Eleganz und Farbe.
⊗ *Karte H5 • 41 Bussorah Street • 6297-1498 • tägl. 10.30–19.30 Uhr*

Pyramid Dancer
An den glitzernden Artefakten und Bauchtanzkostümen aus dem Nahen Osten, die diese Tanzschule bietet, zeigt sich der beständige arabische Einfluss in Kampong Glam besonders deutlich. ⊗ *Karte H5 • 38 Arab Street • 6396-7598 • tägl. 10–19 Uhr*

Sarabat Stall
Der Laden serviert eine traditionelle, dickflüssige Mischung aus süßer Kondensmilch und Tee. Um sie schaumig zu machen, wird sie mehrmals zwischen zwei Tassen hin- und hergegossen. ⊗ *Karte H5 • 21 Baghdad Street • tägl. 6.30–23.30 Uhr*

Wayan Retreat Balinese Spa
Das Spa bietet entspannende und verjüngende Bäder, Packungen, Peelings und Gesichtsbehandlungen an. ⊗ *Karte H5 • 61 Bussorah Street • 6392-0035 • Mo–Fr 10–21 Uhr, Sa 10–20 Uhr, So 10–18 Uhr*

Straits Records
Der Laden führt eine hervorragende Auswahl an einheimischer Indie-Musik und informiert über Konzerte. ⊗ *Karte G5 • 22 Bali Lane • tägl. ab 15 Uhr*

Café Le Caire
Das Café lockt mit orientalischer Küche und der traditionellen arabischen Wasserpfeife *sheesha.* ⊗ *Karte H5 • 39 Arab Street • 6292-09/9 • So–Do 10–15.30 Uhr (Fr & Sa bis 17.30 Uhr)*

Haji Lane
Die Läden der kleinen Gasse bieten Kleidung lokaler Designer und importierte Kuriositäten.
⊗ *Karte G5/H5 • 15 Min. von MRT Bugis*

Bussorah Mall
Palmen und tolle Läden mit Souvenirs, Kunsthandwerk und Antiquitäten säumen den Boulevard. ⊗ *Karte H5 • Bussorah Street*

Muslimischer Friedhof
In dem Gewirr aus Grabsteinen markieren Quader Männergräber, runde Steine die Gräber von Frauen. ⊗ *Karte H4 • Ecke Victoria Street & Jalan Kubor*

Golden Mile Complex
In Singapurs »Little Thailand« gibt es Lebensmittel, traditionelle Waren und Thaiküche. ⊗ *Karte H5 • 5001 Beach Road • tägl. 10–22 Uhr*

➡ *Kampong Glam bezaubert mit orientalischer Atmosphäre und Gebäuden im Kolonialstil.*

Links **Handgefertigte Batik, Basharahil Brothers** Mitte **Mustafa Centre** Rechts **Rishi Handicrafts**

Shopping

1 Mustafa Centre
Das Kaufhaus bietet rund um die Uhr alles Erdenkliche, doch den besten Kauf macht man mit indischen Seidensaris, Textilien und Goldschmuck *(siehe S. 76)*.

2 Little India Arcade
Die Gruppe von Läden lockt mit Modeschmuck, Wandteppichen, Bollywood-DVDs, Räucherwerk, Lederwaren und indischer Mode. Karte F4
• 48 Serangoon Road
• tägl. 9–22 Uhr

3 Tekka Centre
Das Zentrum umfasst einen Wet Market, ein Hawker Center *(siehe S. 56)* und Läden mit preiswerter indischer Mode. Toll ist der Blick vom oberen Stock auf das bunte Treiben. Karte F3
• 665 Buffalo Road • tägl. 6.30–21 Uhr

4 StyleMart
Die Boutique ist auf edle indische Mode spezialisiert, darunter Stücke aus Seide und Brokat mit Perlenstickerei. Karte F4
• 149–151 Selegie Road • 6338-2073
• Mo–Sa 11–20.45 Uhr, So 12–18.30 Uhr

5 Sri Ganesh Textiles
Der Laden führt eine große Auswahl an hochwertigen Saris aus Indien, Japan, China und Indonesien. Karte F4
• 100 Serangoon Road
• 6298-2029 • tägl. 9.30–21.30 Uhr

6 Melor's Curios
Neben Antiquitäten und Sammlerstücken aus Indonesien führt der Laden geschnitzte Holzmöbel und Kunstobjekte. Karte H5 • 39 Bussorah Street
• 6292-3934 • tägl. 9–18.30 Uhr

7 Jamal Kazura Aromatics
Die Düfte von Jamal Kazura basieren auf Öl, da Muslime nicht mit Alkohol in Berührung kommen möchten. Karte H5
• 21 Bussorah Street • 6293-3320
• tägl. 9.30–20 Uhr

8 Basharahil Brothers
Der Laden bietet Batikstoffe aus Indonesien als Meterware, aber auch in Form von Sarongs, Tischsets, Tischdecken und Servietten. Karte H5 • 101 Arab Street
• 6296-0432 • tägl. 11–17.30 Uhr

9 Rishi Handicrafts
Die in dem alteingesessenen Laden angebotenen Körbe, Hüte, Matten und Taschen stammen aus Indonesien und China.
Karte H5 • 1 Bussorah Street
• 6298-2408 • tägl. 10–17.30 Uhr

10 Kupu Kupu
Die Mode der Boutique ist von südostasiatischen Silhouetten inspiriert und kunstvoll aus herrlicher Batikware gefertigt. Karte H5
• 32 Bussorah Street
• 6294-2180 • Mo–Sa 10–18 Uhr, So 10–17 Uhr

In Singapur kann man fast überall mit Kreditkarte bezahlen. Kleinere Läden berechnen dafür manchmal eine Gebühr.

Links **Gäste im Zam Zam** Rechts **The Banana Leaf Apollo**

TOP 10 Restaurants

1 Jaggi's Northern Indian Cuisine

Gäste genießen köstliche indische Currys mit Fleisch und Brot aus dem Tandoori-Ofen. ◎ Karte F3 • 34–36 Race Course Road • 6296-6141 • Mo–Sa 11.30–15 Uhr & 18–22.30 Uhr, So 10.30–22.30 Uhr • $

2 Komala Vilas

Der schnelle Snack *dosai*, ein heißer Pfannkuchen mit Sauce, ist Spezialität des Lokals. ◎ Karte F4 • 76 Serangoon Road • 6293-6980 • tägl. 11–21 Uhr (So bis 22 Uhr) • $

3 Muthu's Curry

Neben Singapurs beliebtestem Fischkopfcurry serviert Muthu's auch südindische Gerichte. ◎ Karte F3 • 138 Race Course Road • 6392-1722 • tägl. 10.30–22.30 Uhr • $$$

4 The Banana Leaf Apollo

Der Name des Lokals in Singapurs »Curry row«, der Race Course Road, bezieht sich auf die Blätter, auf denen südindische Gerichte traditionell serviert werden, es bietet aber auch nordindische Speisen. ◎ Karte F3 • 56–58 Race Course Road • 6297-1595 • tägl. 10.30–22.30 Uhr • $$

5 The French Stall

Ein Shophouse birgt dieses muntere französische Bistro. ◎ Karte G2 • 544 Serangoon Road • 6299-3544 • Di–So 15–22 Uhr • $$$

6 Sabar Menanti Restaurant

Das Lokal bietet Seafood, würzig geschmortes Gemüse und *Halal*-Fleisch. Das Sumatra-Reisgericht *nasi padang* lohnt das Schlangestehen. ◎ Karte H5 • 48–50 Kandahar Street • 6396-6919 • tägl. 10–18 Uhr • $

7 Nabins

Das Restaurant ist arabisch geprägt, serviert aber auch andere Speisen. Gelegentlich treten Bauchtänzerinnen auf. ◎ Karte G5 • 27 Bali Lane • 6299-3267 • tägl. 10.30 Uhr bis spätabends • $$

8 Rumah Makan Minang

Zu der großen Auswahl an indonesischen Gerichten zählt *rendang* mit Hühnchen und Rind. ◎ Karte H4/H5 • 18 & 18A Kandahar Street • 6294-4805 • tägl. 8–20 Uhr • $

9 Altazzag Egyptian Restaurant

Kebabs, Salate, Teespezialitäten und *sheeshas* machen das Lokal bei Nachtschwärmern beliebt. ◎ Karte H5 • 24 Haji Lane • 6295-5024 • tägl. 12–2 Uhr • $

10 Zam Zam

Das Lokal ist für *murtabak* berühmt, ein indisches, mit Zwiebeln, Fleisch und Ei gefülltes Brot, das in Curry getunkt wird. ◎ Karte G5 • 697–699 North Bridge Road • 6298-7011 • tägl. 8–23 Uhr • $

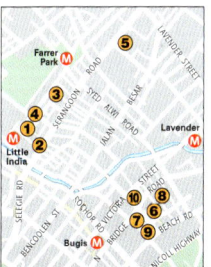

Wenn nicht anders angegeben, akzeptieren die Restaurants Kreditkarten und bieten auch vegetarische Gerichte an.

Links **History Gallery im National Museum of Singapore** Rechts **Singapore Art Museum**

Colonial District

ALS SIR THOMAS STAMFORD RAFFLES *Singapur erreichte, fand er nur ein kleines, von Dschungel umgebenes Fischerdorf vor. Der Dschungel wich bald Bauprojekten, die der lokalen und später der kolonialen Regierung dienen sollten. Der Hügel wurde gerodet, auf der Kuppe entstand die Gouverneursresidenz mit botanischen Gärten. Im frühen 19. Jahrhundert breitete sich der Bezirk aus, viele Gebäude stammen noch aus jener Zeit. Die älteste Stätte Singapurs ist der heutige Fort Canning Park. Dort liegt ein Grab, das Iskandar Shah gehören soll. Dieser war vor Raffles in Singapur, zog aber weiter und gründete Melaka in Malaysia.*

🔟 Attraktionen

1. Fort Canning Park
2. Old Parliament House
3. Victoria Theatre & Concert Hall
4. Empress Place Building/ Asian Civilisations Museum
5. Statue von Raffles
6. Raffles Hotel
7. City Hall & Supreme Court
8. National Museum of Singapore
9. Singapore Art Museum
10. Singapore Philatelic Museum

Sir Thomas Stamford Raffles

Das Colonial District ist das Herz der Innenstadt. Es beherbergt eine besonders große Anzahl an historischen Wahrzeichen.

Fort Canning Park

Raffles baute an dieser Stelle sein Wohnhaus, 1860 wurde es durch Fort Canning ersetzt. Die Militärfestung auf dem Parkhügel war eindrucksvoll, erwies sich jedoch als ineffektiv, da die Kanonen von dort nicht den Hafen erreichten. 1929 wurde die Festung bis auf das gotische Portal abgerissen. Die Militärbüros werden heute von Künstlergruppen genutzt, auf den Wiesen finden Konzerte statt. Die Battle Box dient als Kriegsmuseum *(siehe S. 40).* ✆ *Karte K1–L2 • 51 Canning Rise • 6332-1200 • 24 Std. • www.nparks.gov.sg*

Nachgestelltes Kriegstreffen, Fort Canning Park

Old Parliament House

Die Villa des schottischen Kaufmanns Maxwell wurde noch vor der Umsetzung von Raffles' Bebauungsplänen errichtet *(siehe S. 34).* Da sie auf für öffentliche Gebäude vorgesehenem Gelände stand, wurde sie bald vom Staat gepachtet und als Gericht genutzt. 1965 bis 1999 diente sie dem Parlament, heute ist in dem Gebäude ein Kunstzentrum untergebracht *(siehe S. 46).* ✆ *Karte M3 • 1 Old Parliament Lane • 6332-6900 • tägl. 10–22 Uhr • www.theartshouse.com.sg*

Victoria Theatre & Concert Hall

Das 1862 fertiggestellte Rathaus, das erste Bauwerk der Kolonialregierung, wurde als Staatsgebäude bald zu klein. 1909 wurde es in ein Theater umgewandelt. Wie der 1905 erbaute, angrenzende Konzertsaal ist es Queen Victoria gewidmet *(siehe S. 46).* Das wunderschöne Interieur verleiht Konzerten besonderes Flair *(siehe S. 34).* ✆ *Karte M3 • 9–11 Empress Place • 6338-4401 • www.nac.gov.sg*

Empress Place Building / Asian Civilisations Museum

Das Gebäude wurde errichtet, nachdem das Old Parliament House *(siehe links)* für die wachsende Kolonialverwaltung zu klein geworden war. Der älteste Teil stammt von 1864. Es folgten drei Erweiterungen, bevor das Gebäude 1905 als Empress Place Building eröffnet wurde. Bis in die 1980er Jahre beherbergte es öffentliche Ämter. Da dazu auch das Geburten- und das Todesregister gehörten, heißt es, dass jeder Bürger Singapurs schon durch die Türen des Palasts gegangen sei. Seit 2003 ist in dem Bauwerk das Asian Civilisations Museum untergebracht *(siehe S. 36).*

Victoria Theatre & Concert Hall

Singapurs Colonial District wird auch Colonial Core genannt.

Innenhof des Raffles Hotel

5 Statue von Raffles

Die Bronzestatue von Sir Thomas Stamford Raffles wurde 1887 auf dem Padang aufgestellt. Zu Singapurs 100-jährigem Jubiläum 1919 wechselte sie vor das Victoria Theatre. Eine Replik steht an der Stelle am Singapore River, an der Raffles 1819 gelandet sein soll. ◎ *Karte M3 • 9 Empress Place*

6 Raffles Hotel

Von den einst zahlreichen auf Gäste aus Europa ausgerichteten Hotels im Colonial District ist nur das Raffles Hotel erhalten. 1887 als Bungalow errichtet, wurde es nach mehreren An- und Umbauten zu einem prächtigen Wahrzeichen der Stadt. Für William Somerset Maugham, der ab den 1920er Jahren oft zu Gast war, stand es für »die märchenhafte Exotik des Ostens« *(siehe S. 24f).*

Raffles' Stadtplan von 1822

1822 bildete Sir Stamford Raffles ein Komitee zur Planung und Aufteilung Singapurs in Regierungs-, Wohn- und Geschäftsviertel. Die daraus resultierenden Distrikte bestehen bis heute als Colonial District, Chinatown und Kampong Glam. Die meisten Regierungsgebäude um den Padang im Colonial District dienen heute der Kunst.

7 City Hall & Supreme Court

Seit der Fertigstellung 1929 war Singapurs Rathaus Schauplatz bedeutender historischer Ereignisse: 1945 unterzeichneten die Japaner die Kapitulation; 1959 proklamierte Premierminister Lee Kuan Yew die Selbstverwaltung Singapurs; 1966 war es festlicher Rahmen für den ersten Nationalfeiertag der Republik. Der Supreme Court (Oberste Gerichtshof) wurde 1932 errichtet. Trotz der gewaltigen Ausmaße wurden die Gebäude für die Regierung mit der Zeit zu klein. Die Judikative hat nun ihren Sitz in einem modernen Bauwerk hinter dem Supreme Court, die Büros der Stadtverwaltung sind in verschiedenen Neubauten untergebracht. Der Häuser bergen seit 2015 die National Gallery Singapore *(siehe S. 34).* ◎ *Karte M2/M3 • 3 St Andrew's Road • 6690-9400 • Öffnungszeiten siehe Website • www.nationalartgallery.sg*

City Hall & Supreme Court

Architektur **siehe S. 34f**

8 National Museum of Singapore

Das größte Museum Singapurs verfügt über 18 000 Quadratmeter Ausstellungsfläche, die ganz der Geschichte und Kultur des Landes gewidmet sind. Die multimedialen Exponate bieten Besuchern eine ausgezeichnete Einführung zu Singapur, die man keinesfalls versäumen sollte *(siehe S. 8f)*.

Singapore Philatelic Museum

9 Singapore Art Museum

Das SAM ist das größte Museum für zeitgenössische Kunst in der Region und eine wichtige Säule in der südostasiatischen Kunstwelt. Das Haus hat sich der Pflege der darstellenden Künste Südostasiens verschrieben und versucht mit Ausstellungen und Programmen, die Allgemeinheit dafür zu sensibilisieren *(siehe S. 36)*. ✪ *Karte L1/M1 • 71 Bras Basah Road • 6589-9580 • tägl. 10–19 Uhr (Fr bis 21 Uhr) • Eintritt (Fr ab 18 Uhr frei) • www.singaporeartmuseum.sg*

10 Singapore Philatelic Museum

Mit einer Sammlung seltener Briefmarken und Leihgaben von Privatsammlern dokumentiert das Museum Singapurs Geschichte und kulturelles Erbe. Gastausstellungen zeigen Briefmarken aus ganz Südostasien. ✪ *Karte L2 • 23B Coleman Street • 6337-3888 • Mo 13–19 Uhr, Di–So 9.30–19 Uhr • Eintritt • www.spm.org.sg*

Ein Tag im Colonial District

Vormittag

Beginnen Sie den Tag im **National Museum of Singapore**, um sich dort mit Geschichte und Kultur des Landes vertraut zu machen. Die Stamford Road führt nach rechts zur Armenian Street, der Sie bis zum **Peranakan Museum** *(siehe S. 36)* folgen. Das Haus widmet sich der Kulturgeschichte der Peranakan oder Straits-Chinesen. Entspannung nach so viel Kultur bietet dann die **Funan DigitaLife Mall** *(siehe S. 49)* an der Kreuzung Hill Street/Coleman Street, wo Sie nach Elektronikartikeln stöbern können, aber auch zahlreiche Imbissgelegenheiten für einen Mittagssnack finden.

Nachmittag

Verlassen Sie die Mall am Ausgang North Bridge Road und gehen Sie nach links bis zur Bras Basah Road. Linker Hand liegt das **CHIJMES** *(siehe S. 35)*, eine ehemalige Missionsschule aus dem 19. Jahrhundert, die heute Läden, Restaurants und Clubs birgt. Wieder zurück an der Kreuzung sollten Sie unbedingt auch einen Blick in das **Raffles Hotel** werfen, ein Wahrzeichen Singapurs. Der Haupteingang weist auf die Beach Road, diese führt Sie zur MRT-Station City Hall. Dahinter liegt die **St Andrew's Cathedral** *(siehe S. 38)*. Dann folgen Sie der Straße an Padang und **Supreme Court** vorbei, lassen **Old Parliament House** wie auch **Victoria Theatre & Concert Hall** hinter sich und gehen zum **Empress Place Building**, um dem dortigen **Asian Civilisations Museum** einen Besuch abzustatten.

Der Padang (»Feld«) dient von jeher der Öffentlichkeit – als Platz für staatliche Festlichkeiten, Sport- und andere Großveranstaltungen.

Links **Raffles Gift Shop** Mitte **Vergoldete Orchidee, RISIS** Rechts **Royal Selangor Pewter Centre**

TOP10 Shopping

1 Bugis Street Night Market
Anders als der Name andeutet, verkaufen die Stände auch tagsüber Souvenirs und billige Accessoires. ✎ *Karte G5 • Parco Bugis Junction, Victoria Street • tägl. 11–22 Uhr*

2 Olathe
Der Laden bietet Damenmode des Batik-Designers Peter Hoe, Textilien, Holzschnitzereien und Schmuck aus Südostasien. ✎ *Karte M1 • CHIJMES (01–05), 30 Victoria Street • 6339-6880 • tägl. 10–20 Uhr*

3 Raffles Gift Shop
Alle Produkte – von T-Shirts bis zu Porzellan – tragen das berühmte Raffles-Emblem. ✎ *Karte M1 • Raffles Hotel, 1 Beach Road • 6337-1886 • tägl. 10–21 Uhr*

4 Cathay Photo
Der Fotoladen bietet Qualität zu echten Schnäppchenpreisen. ✎ *Karte L2 • Peninsula Plaza, 111 North Bridge Road • 6337-4274 • Mo–Sa 10–19 Uhr*

5 ARTrium@MCI
Private Galerien mit moderner asiatischer Kunst säumen das Atrium eines Regierungsgebäudes *(siehe S. 47).*

6 RISIS
1976 entwickelte eine Regierungsbehörde eine Methode, Orchideen in 24-karätigem Gold zu konservieren. RISIS verkauft nun Schmuckstücke aus der Nationalblume Vanda Miss Joaquim und anderen Orchideenarten.
✎ *Karte N1 • Suntec City Tower 1, 3 Temasek Boulevard • 6338-8250 • tägl. 11–21 Uhr*

7 Challenger
Der Megastore verkauft Computerzubehör zu tollen Preisen. ✎ *Karte L2 • Funan DigitaLife Mall, 109 North Bridge Road • 6339-9008 • tägl. 10–22 Uhr*

8 Royal Selangor Pewter Centre
Das bereits 1885 gegründete Zentrum ist für feine Zinnwaren bekannt. ✎ *Karte K2 • 3A River Valley Road • 6268-9600 • tägl. 9–21.30 Uhr*

9 Banyan Tree Gallery
Die Waren von Banyan Tree – Geschenkartikel, Bücher und Wellnessprodukte – sind alle umweltfreundlich. ✎ *Karte M3 • 8 Raffles Avenue, Esplanade Mall • 6338-5020 • tägl. 12–21 Uhr*

10 The Planet Traveller
Das Angebot an Reiseausrüstung umfasst Bücher, Karten und sogar Kofferreparaturen. ✎ *Karte N3 • Marina Square (03–113), 6 Raffles Boulevard • 6337-0291 • So–Do 10.30–21 Uhr, Fr & Sa 10.30–21.30 Uhr*

Stadtteile – Colonial District

In Singapur kann man fast überall mit Kreditkarte bezahlen. Kleinere Läden berechnen dafür manchmal eine Gebühr.

Preiskategorien

Preis für ein Drei-Gänge-	**$** unter 20 S$
Menü pro Person mit	**$$** 20–30 S$
einem alkoholfreien	**$$$** 30–50 S$
Getränk, inkl. Steuern	**$$$$** 50–70 S$
und Service.	**$$$$$** über 70 S$

Lei Garden im CHIJMES

Restaurants

Rendezvous Restaurant
Das seit den 1950er Jahren bestehende *Nasi-padang*-Lokal hat historisches Flair. ✪ *Karte L3 • The Central (02–72), 6 Eu Tong Sen Street • 6339-7508 • tägl. 11–21 Uhr • $$*

Equinox
In einem der höchsten Hotels Südostasiens locken feine Küche und tolle Aussicht. ✪ *Karte M2 • Swissôtel, 2 Stamford Road • 6837-3322 • tägl. 12–14.30 (So 11–14), 15.30–17 & 18.30–22.30 Uhr • $$$*

Lei Garden
Das Lokal im CHIJMES-Komplex bietet echte Kanton-Küche, z. B. köstliches *dim sum*. ✪ *Karte M1 • 30 Victoria Street • 6339-3822 • tägl. 11.30–14.30 & 18–21.30 Uhr • $$$$*

Tiffin Room
Der Name des asiatischen Restaurants stammt von der dreistöckigen indischen Lunch-Box. ✪ *Karte M1 • Raffles Hotel, 1 Beach Road • 6412-1816 • tägl. 7–10.30, 12–14, 15.30–17.30 & 19–22 Uhr • $$$$*

My Humble House
Gäste genießen gehobene chinesische Küche in elegantem Ambiente. ✪ *Karte N3 • 8 Raffles Ave • 6423-1881 • tägl. 11.45–15 & 18.30–22.30 Uhr • $$$$$*

Quayside Seafood
An Tischen im Freien mit Blick auf den Fluss wird köstliches Seafood serviert. ✪ *Karte K2 • 3A River Valley Road • 6338-3195 • tägl. 15–24 Uhr (Fr & Sa bis 1 Uhr) • $$$$*

Prego
Das Bistro ist bei Besuchern und bei Einheimischen beliebt. Besonders verlockend sind die herrlich dünnen Pizzas. ✪ *Karte M1 • 80 Bras Basah Road • 6431-6156 • tägl. 6–11 & 18.30–22.30 Uhr • $$$$*

Soup Restaurant
Von den Gerichten nach alten chinesischen Rezepten sollte man sich vor allem die Suppen nicht entgehen lassen. ✪ *Karte M1 • Suntec City, 3 Temasek Boulevard • 6333-9886 • Mo–Fr 11.30–14.30 & 17.30–22 Uhr, Sa & So 11.30–22 Uhr • $$*

Flutes at the Fort
Das Restaurant serviert zeitgenössische australische Gerichte, darunter hervorragendes Lammkarree. ✪ *Karte L1 • 21 Lewin Terrace • 6338-8770 • Mo–Do 12–14 & 18.30–22 Uhr, Fr & Sa 11–14.30 & 18.30–22.30 Uhr, So 10–17 Uhr • $$$$*

Novus
In dem Restaurant genießen Gäste europäische Küche in gemütlichem Ambiente. ✪ *Karte L1 • National Museum of Singapore, 93 Stamford Road • 6336-8770 • tägl. 10–22 Uhr (So bis 18 Uhr) • $$*

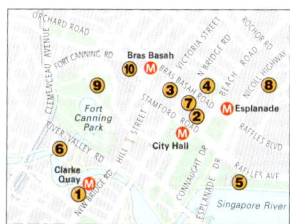

Wenn nicht anders angegeben, akzeptieren die Restaurants Kreditkarten und bieten auch vegetarische Gerichte an.

Links **Crossroads Café** Mitte **Goodwood Park Hotel** Rechts **Reihenhäuser, Emerald Hill Road**

Orchard Road

DER NAME ORCHARD ROAD *geht auf die Plantagen zurück, die in den 1830er Jahren in dem Gebiet gediehen. Damals wurden vor allem Muskatnuss, aber auch Obst, Gewürze und Pfeffer angebaut. Mitte des 19. Jahrhunderts vernichtete eine Krankheit die Muskatpflanzen. Gleichzeitig war die Zahl der in Singapur lebenden Europäer stark angewachsen – man brauchte mehr Platz. Die Orchard Road durchschnitt ein enges Tal und war von schweren Überschwemmungen geplagt. Nach erfolgreicher Trockenlegung des Geländes siedelten sich Betriebe an, die die Kolonialgemeinde versorgten. 1958 eröffnete C. K. Tang an der Orchard Road den ersten Laden, 1973 entstand mit dem Mandarin Hotel der erste Wolkenkratzer in dem Gebiet.*

Ngee Ann City

Attraktionen

1. Istana & Sri Temasek
2. Emerald Hill Road
3. Singapore Botanic Gardens
4. Tangs
5. Tanglin Mall
6. Ngee Ann City
7. Goodwood Park Hotel
8. Crossroads Café
9. Straßenkünstler
10. Youth Park & Skate Park

Das Hotel Mandarin Orchard Singapore bietet mit seinem Drehrestaurant im 39. Stock tolle Aussicht auf das Viertel siehe S. 95

Istana & Sri Temasek

Der Bau der Gouverneurs-
residenz Istana galt als viel zu
teuer, doch nach der Fertigstellung 1869 überzeugte das Gebäude auch die Kritiker. Den auf dem
Hügel gelegenen Palast umgeben tropische Gärten. Inzwischen
dient er nicht mehr als Residenz,
sondern wird für Staatsempfänge
genutzt. An Feiertagen steht er
auch Besuchern offen. Das kleinere Gebäude auf dem Gelände,
Sri Temasek, wurde für Kolonial-
beamte erbaut *(siehe S. 35)*.

Singapore Botanic Gardens

Emerald Hill Road

Im Vergleich zur geschäftigen
Orchard Road ist die Emerald Hill
Road sehr ruhig. In den schön re-
novierten Reihenhäusern im Pe-
ranakan-Stil wohnen jetzt Millio-
näre. Die Häuser der Straße sind
vielgestaltig – von schlichten Gebäuden aus dem 19. Jahrhundert
über Vorkriegsbauten in überlade-
nem chinesischen Terrassenstil
bis zu üppig verzierten Art-déco-
Varianten von Shophouses der
1950er Jahre. ⊗ *Karte C4/C5*

Singapore Botanic Gardens

Die wunderbaren Gärten erinnern
Besucher an die landwirtschaft-
lichen Wurzeln des Gebiets und
die Bewohner daran, dass die
ganze Gegend einst von üppigem
Tropenwald bewachsen war. Der
Park ist morgens bei Joggern beliebt, nachmittags bei Fotografen
und an Wochenenden bei Familien, die den Jacob Ballas Children's Garden besuchen. An den
Seen werden Musik- und Tanz-
vorstellungen sowie Filmvorführungen geboten *(siehe S. 18f)*.

Tangs

Das Kaufhaus erwuchs aus
den Träumen eines Hausierers,
der 1923 aus China gekommen
war. Die Truhe, in der C. K. Tang,
auch »Tin Trunk Man« genannt,
seine Waren umhertrug, wurde
später zum Markenzeichen. 1958
erwarb Tang das Grundstück, das
zu den Wohnhäusern der Europäer hervorragend gelegen war. Die
Familie ist noch immer in Besitz
des Hauses und des Grunds, auf
dem es steht – mittlerweile an
einer der belebtesten Kreu-
zungen der Stadt. Es gibt
eine weitere Filiale in
VivoCity. ⊗ *Karte B4*
- 310 Orchard Road
- 6737-5500
- Mo–Sa
10.30–21.30 Uhr,
So 11–20.30 Uhr
- www.tangs.
com

Tangs, Eingang Scotts Road

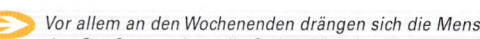

*Vor allem an den Wochenenden drängen sich die Menschen auf
den Straßen rund um die Orchard Road.*

Einkaufsstraße nahe der Tanglin Mall

Stamford Canal

Die Fußgängerzone der Orchard Road verläuft über einem riesigen Kanal, der Regenwasser ableitet und die Gegend während des Monsuns vor Überflutung schützt. Der Stamford Canal beginnt an der Tanglin Road, fließt unter den Malls Wisma Atria und Ngee Ann City hindurch und an der City Hall vorbei in die Marina Bay.

5 Tanglin Mall

In Singapur lebende Ausländer kaufen gern in der als »Expat-Enklave« bekannten Shopping Mall ein, da sie eine große Auswahl importierter Lebensmittel und Spezialitäten führt. Die Kunden stammen aus aller Welt. Die Botschaften der USA und Großbritanniens liegen der Mall gegenüber. ⊗ *Karte A4 • 163 Tanglin Road • 6736-4922 • www.tanglinmall.com.sg*

6 Ngee Ann City

Die imposante Mall der Ngee Ann Kongsi Group ist wie eine »Stadt in der Stadt« angelegt. Die orientalische Fassade kontrastiert mit dem westlichen Interieur, was zum kosmopolitischen Flair beiträgt. Der Hauptpächter des Hauses ist Takashimaya, ein Einzelhandelsriese aus Japan. Neben Läden wie Books Kinokuniya, dem wohl größten Buchladen Asiens, beherbergt die Mall auch über 30 internationale Restaurants *(siehe S. 48)*. ⊗ *Karte B4/C5 • 391 Orchard Road • 6506-0461 • tägl. 10–21.30 Uhr • www.ngeeanncity.com.sg*

7 Goodwood Park Hotel

Das 1900 erbaute Hotel hieß erst Teutonia Club und war eine Enklave deutscher Auswanderer. Als Goodwood Park Hotel beherbergte es ab 1929 vor allem Geschäftsleute von der Malaiischen Halbinsel. Es überstand beide Weltkriege und bewahrte seine Schönheit – kannelierte Säulen, filigrane Holzarbeiten, Stuck und anmutige Torbogen wurden sorgfältig restauriert. Die sechs Restaurants des Hauses, darunter Min Jiang, L'Espresso und Coffee Lounge, sind alle preisgekrönt. ⊗ *Karte B3 • 22 Scotts Road • 6737-7411 • www.goodwoodparkhotel.com*

8 Crossroads Café

Das an der Ecke Orchard/Scotts Road, der belebtesten Kreuzung Singapurs, gelegene Straßencafé eignet sich hervorragend zum Leutebeobachten. Die Gehwege sind voller Menschen.

Atrium des Orchard Cineleisure

Mehr Shoppingmöglichkeiten rund um die Orchard Road siehe S. 94

Jeder Besucher der Stadt scheint hier vorbeizukommen, dazu die Einheimischen, die in den nahe gelegenen Malls einkaufen. Das Café ist bei Teenagern beliebt. Am Wochenende verbringen Dienstmädchen hier gern ihre Freizeit.

⌖ Karte B4 • Singapore Marriott Tang Plaza, 320 Orchard Road • 6831-4605 • tägl. 7–1 Uhr (Fr & Sa bis 2 Uhr) • www.singaporemarriott.com

Straßenmusikerin in der Orchard Road

Straßenkünstler

Singapur hat im Jahr 2000 die Bestimmungen für Straßenkunst gelockert und damit Musikern, Komikern und Zauberern den Weg geebnet. Diverse Straßenmusikfestivals locken nun einige der besten Straßenkünstler der Welt hierher. Dafür wurden sogar die Gehwege der Orchard Road verbreitert und spezielle Auftrittsflächen geschaffen. Das Singapore Tourism Board (siehe S. 107) informiert über Straßenevents. ⌖ entlang der Orchard Road

Youth Park & Skate Park

Die beiden Parks ziehen – zusammen mit den benachbarten Orchard Cineleisure und Somerset 313 – mit kostenlosen Konzerten und Events Scharen junger Einheimischer an. Bis spät in die Nacht herrscht Leben im Skate Park; im Kino des Cineleisure laufen am Wochenende Mitternachtsfilme. ⌖ Karte C5

Ein Tag in der Orchard Road

Vormittag

Beginnen Sie an der Promenade der Orchard Road im **Ngee Ann City**, das die luxuriösesten Marken der Welt führt. Durchstöbern Sie die Bücherregale von **Books Kinokuniya** (siehe S. 94) oder schauen Sie nach traditionell inspirierter chinesischer Mode bei **Shanghai Tang** (siehe S. 94). Dann folgen Sie der Promenade – vorbei an Straßenkünstlern und Ruheplätzen – zum Kaufhaus **Tangs**, bevor Sie sich im **Crossroads Café** eine Pause gönnen. In der benachbarten **Lucky Plaza** (siehe S. 49) gibt es günstige Elektronikartikel (und ein paar unseriöse Verkäufer!). Die Orchard Road hinunter liegt rechts das Hotel Mandarin Orchard Singapore mit dem Restaurant **Chatterbox** (siehe S. 95). Noch ein Stückchen weiter befindet sich rechts das Orchard Cineleisure. An der Ecke Emerald Hill Road bietet die Mall Peranakan Place Cafés und Imbissstände.

Nachmittag

Nach dem Essen sollten Sie dann einen Blick in die **Emerald Hill Road** werfen, um die schön restaurierten Peranakan-Shophouses zu bewundern. In einigen sind heute Kneipen oder Läden untergebracht. Nr. 5 ist noch weitgehend original erhalten. Zurück in der Orchard Road können Sie in den zahlreichen Malls und Läden die verbleibenden Stunden verbringen, bis dann am Spätnachmittag die beste Zeit ist, **Istana & Sri Temasek** zu besuchen. Die Edinburgh Road führt Sie zu den beiden Gebäuden.

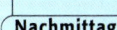

Wer die Orchard Road besucht, sollte unbedingt auch in Singapurs bester Weinbar einkehren, dem Que Pasa, 7 Emerald Hill Road.

Links **DFS Galleria** Rechts **Hilton Shopping Gallery**

TOP10 Shopping

1 Tangs
Singapurs ureigenes Kaufhaus bietet ein breites Sortiment internationaler und einheimischer Mode (siehe S. 91).

2 Takashimaya
Einer der größten und ältesten Einzelhändler Japans verkauft Mode, Kosmetik und Haushaltswaren. ◎ Karte B4 • Ngee Ann City, 391 Orchard Road • 6738-1111 • tägl. 10–21.30 Uhr

3 Hilton Shopping Gallery
Die Hotelboutique führt Edelmarken wie Dolce & Gabbana, Giorgio Armani, Bulgari und Cartier. ◎ Karte A4 • Hilton Singapore, 581 Orchard Road • 6737-2233 • Mo–Sa 10–19 Uhr, So 11–19 Uhr

4 Books Kinokuniya
Der größte Buchladen der Stadt, wenn nicht ganz Asiens, hat über 500 000 Titel auf Lager. ◎ Karte B4 • Ngee Ann City (03–10/15), 391 Orchard Road • 6737-5021 • So–Fr 10–21.30 Uhr, Sa 10–22 Uhr

5 Naga Arts & Antiques
Möbel aus Tibet, Buddha-Figuren aus Burma und Textilien aus China laden zum Stöbern ein. ◎ Karte A4 • Tanglin Shopping Centre (01–49), 19 Tanglin Road • 6235-7084 • Mo–Sa 11–18.30 Uhr

6 Shanghai Tang
Die Luxusmarke ist von dem modischen Erbe Chinas inspiriert. Sie kombiniert traditionelles Design mit leuchtenden Farben.
◎ Karte B4 • Ngee Ann City (02–12), 391 Orchard Road • 6737-3537 • tägl. 10–21.30 Uhr

7 Charles & Keith
Das Singapurer Label bietet Schuhe, Taschen und Gürtel für Damen. ◎ Karte C5 • 313@Somerset, 313 Orchard Road • 6509-5040 • So–Do 10–22 Uhr, Fr & Sa 10.30–22.30 Uhr

8 CYC The Custom Shop
Der beste Hemdenmacher der Stadt zeigt viel Liebe zum Detail. ◎ Karte A4 • Palais Renaissance (B1–06), 390 Orchard Road • 6737-5332 • Mo–Sa 11–20 Uhr, So 11–18 Uhr

9 Hassan's Carpets
Der Teppichladen, eines der ältesten Familienunternehmen Singapurs, steht sowohl für Qualität als auch für künstlerische Integrität. ◎ Karte A4 • Tanglin Shopping Centre, 19 Tanglin Road • 6737-5626 • Mo–Sa 10–19 Uhr, So 11–16 Uhr

10 DFS Galleria
Der Duty-free-Händler für Luxusartikel ist der größte der Welt. Einkäufe werden direkt zum Flughafen geliefert. ◎ Karte B3 • 25 Scotts Road • 6229-8100 • tägl. 10–22 Uhr (Fr & Sa bis 22.30 Uhr)

In Singapur kann man fast überall mit Kreditkarte bezahlen. Kleinere Läden berechnen dafür manchmal eine Gebühr.

The Rice Table

Preiskategorien

Preis für ein Drei-Gänge-	**$**	unter 20 S$
Menü pro Person mit	**$$**	20–30 S$
einem alkoholfreien	**$$$**	30–50 S$
Getränk, inkl. Steuern	**$$$$**	50–70 S$
und Service.	**$$$$$**	über 70 S$

TOP10 Restaurants

Les Amis
Die französische Küche ist preisgekrönt. ⊗ *Karte B4 • Shaw Centre, 1 Scotts Road • 6733-2225 • Mo–Sa 12–14 & 19–21.30 Uhr • $$$$$*

Crystal Jade Palace
Das Flagship-Restaurant der Kette serviert kantonesische Gerichte. ⊗ *Karte B4 • Ngee Ann City (04–19), 391 Orchard Road • 6735-2388 • tägl. 11.30–15 & 18–23 Uhr • $$$$*

The Line
Die 16 Stationen des Büfetts bieten Tandoori, Sushi, Fleischgerichte, Salate, Pasta und Suppen. ⊗ *Karte A3 • Shangri-La Hotel, 22 Orange Grove Road • 6213-4275 • tägl. 6–10.30, 12–14.30 & 18.30–22 Uhr • $$$$$*

mezza9
In dem Hotelrestaurant stehen neun Örtlichkeiten zur Wahl, darunter eine Martini- und Zigarrenbar. ⊗ *Karte B4 • Grand Hyatt, 10 Scotts Road • 6416-7189 • Mo–Sa 12–14.30, 15–16.30 & 18–23 Uhr, So 11.30–15 & 18–22.30 Uhr • $$$$$*

StraitsKitchen
In modernem Markt-Ambiente wird exzellente einheimische Küche geboten. ⊗ *Karte B4 • Grand Hyatt, 10 Scotts Road • 6732-1234 • Mo–Fr 6.30–10.30 & 12–14.30 Uhr, Sa & So 6.30–11 & 12.30–15 Uhr • $$$*

Hua Ting Restaurant
In dem Restaurant finden Gäste eine reiche Auswahl an köstlichen *dim sum* und kantonesischen Gerichten vor.
⊗ *Karte A3/A4 • Orchard Hotel, 442 Orchard Road • 6739-6666 • Mo–Fr 11.30–14.30 Uhr, Sa & So 11–14.30 Uhr • $$$$*

Tandoor North Indian Restaurant
In dem preisgekrönten Lokal kann man die beste nordindische Küche in ganz Singapur genießen. ⊗ *Karte D5 • Holiday Inn, 11 Cavenagh Road • 6730-0153 • tägl. 12–14.30 & 19–22.30 Uhr • $$$$*

Patara Fine Thai
Asiatische Kost mit westlichem Touch ergänzt die authentische Thaiküche. ⊗ *Karte S3 • Tanglin Mall (03–14), 163 Tanglin Road • 6737-0818 • tägl. 12–15 & 18–22 Uhr • $$$$*

The Rice Table
Hier gibt es indonesische *rijsttafel* – Fleisch, Fisch und Gemüse mit Reis. ⊗ *Karte B4 • International Building, 360 Orchard Road • 6835-3783 • tägl. 12–14 & 18–21.15 Uhr • $$*

Chatterbox
Das Restaurant ist für den Ausblick und seinen preisgekrönten Chicken Rice berühmt.
⊗ *Karte C5 • Mandarin Orchard, 333 Orchard Road • 6831-6288 • tägl. 7–14.30 Uhr • $$$*

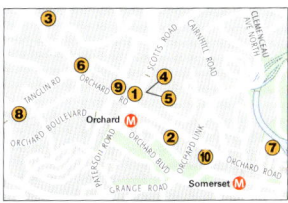

 Wenn nicht anders angegeben, akzeptieren die Restaurants Kreditkarten und bieten auch vegetarische Gerichte an.

Links **Sungei Buloh Wetland Reserve** Rechts **Bukit Timah Nature Reserve**

Abstecher

D AS RAUTENFÖRMIGE SINGAPUR *ist nur 683 Quadratkilometer groß, die Küste 193 Kilometer lang. Das urbane Zentrum liegt an der Südspitze der Insel. Die Wohngebiete am Stadtrand mit niedrigen Häusern und Läden für traditionelle Gewerbe stammen aus der Vorkriegszeit. Dahinter befinden sich die New Towns mit Apartmenthochhäusern, Schulen, Geschäftsbetrieben und anderen Einrichtungen. Das Liniennetz der Mass Rapid Transit (MRT) zieht einen Kreis um die wichtigsten New Towns und verbindet sie mit der Stadt. Für die Erkundung des grünen Umlands kann man gut mehrere Tage einplanen.*

Attraktionen

1. Singapore Zoo & Night Safari
2. Jurong Bird Park
3. Bukit Timah Nature Reserve
4. Chinese Garden & Japanese Garden
5. Sungei Buloh Wetland Reserve
6. Sun Yat Sen Nanyang Memorial Hall
7. Lian Shan Shuang Lin Monastery
8. Southern Ridges
9. Orchidville
10. Kranji War Memorial & Cemetery

Zwillingspagoden im Chinese Garden

Einige der schönsten Sehenswürdigkeiten liegen außerhalb der Stadt: Parks, Gärten, historische Gebäude, Denkmäler und Inseln.

Singapore Zoo & Night Safari

Den Zoo mit den exotischen Tieren in groß angelegten Freigehegen, den Fütterungen, Führungen, Tiershows und dem Spielplatz sollte man unbedingt besuchen. Die Night Safari, eine einzigartige Attraktion, bietet Besuchern die Möglichkeit, nachtaktive Tiere bei ihren Lebensgewohnheiten zu beobachten. In dem neben dem Mandai Reservoir gelegenen Zoo sind auch viele heimische Tiere, darunter Warane und Makaken, zu sehen, die aus dem umliegenden Dschungelgebiet auf Nahrungssuche auf das Gelände kommen *(siehe S. 20f)*.

Weißer Tiger im Singapore Zoo

Jurong Bird Park

In dem Park, der die schier unendliche Vielfalt der südostasiatischen Vogelwelt vor Augen führt, kann man ohne Weiteres einen halben Tag damit verbringen, die weltgrößte begehbare Voliere und andere Attraktionen zu bestaunen. Täglich finden Fütterungen und Shows statt. Beim Lunch mit Papageien demonstrieren die Vögel ihre Intelligenz und Geschicklichkeit *(siehe S. 51)*.

⊙ *Karte R2 • 2 Jurong Hill*
• 6265-0022 • tägl. 8.30–18 Uhr
• Eintritt • www.birdpark.com.sg

Bukit Timah Nature Reserve

Das große, dem Erhalt der Artenvielfalt dienende Naturreservat bietet die seltene Gelegenheit, primären Regenwald nahe der Stadt zu erkunden. Die fünf Wanderwege mit unterschiedlichen

Schwierigkeitsgraden nehmen jeweils etwa zwei Stunden in Anspruch. Der Park ist Lebensraum vieler Vögel, Insekten und kleiner Säugetiere. Aktivitäten, die der Flora und Fauna schaden, z. B. das Füttern der Tiere oder Radfahren abseits der Wege, sind verboten. Ein Besucherzentrum bietet Information, Toiletten und eine Erste-Hilfe-Station *(siehe S. 43)*. ⊙ *Karte S2 • 177 Hindhede Drive • 6468-5736 • Sa & So 6– 19 Uhr • www. nparks.gov.sg*

Chinese Garden & Japanese Garden

Wie in einem kaiserlichen Garten fügen sich im Chinese Garden Bogenbrücken, Mondtore und Zwillingspagoden in die Landschaft aus Bambushainen, Bäumen und blühenden Sträuchern ein. Der im Suzhou-Stil gehaltene Innenhof ist Kulisse der Bonsai-Sammlung. Ein Steinboot und ein Teehaus zieren einen See. Der benachbarte Japanese Garden ist in minimalistischem Zen-Stil gehalten. Die Landschaftsgestaltung schafft eine besinnliche Atmosphäre *(siehe S. 42)*. ⊙ *Karte R2 • 1 Chinese Garden Road • 6261-3632 • tägl. 6–23 Uhr (Bonsai Garden & Garden of Abundance 9–18 Uhr; evtl. Eintritt)*

Flamingos im Jurong Bird Park

➡ *Mehr über Parks & Naturreservate in Singapur*
www.yoursingapore.biz/de/attractions/parks.php

Garden City

Vor gut 40 Jahren wurde Premierminister Lee Kuan Yew der Wert der Natur bewusst. In den 1970er Jahren bepflanzte man verschiedene Flächen mit Narrabäumen und Bougainvilleen. Seither spielt die Natur bei der Stadtplanung stets eine Rolle. Dem National Parks Board unterstehen heute etwa 9500 Hektar Land in mehr als 300 Parks.

5 Sungei Buloh Wetland Reserve

Eine Reihe von Pfaden und Holzstegen führt durch Mangrovensümpfe, Watt- und Teichgebiete, überwuchert von einzigartigen Blumen und Sträuchern, die die Ufernähe lieben. In dem Park kann man u. a. Eisvögel, Kiebitze, Wasserläufer, Reiher, Otter, Krabben und Schlammhummer beobachten. Das Besucherzentrum zeigt einen Film über die Geschichte des Parks *(siehe S. 43)*. ◉ *Karte R1 • 301 Neo Tiew Crescent • 6794-1401 • tägl. 7–19 Uhr • Eintritt nur am Wochenende • www.sbwr.org.sg*

6 Sun Yat Sen Nanyang Memorial Hall

Der Vorstadtbungalow (19. Jh.) diente einem Singapurer Geschäftsmann als Privatresidenz, bis dieser ihn dem chinesischen Revolutionär Dr. Sun Yat-sen als Hauptquartier für Aktivitäten in Südostasien stiftete. Als Dr. Suns Kuomintang-Partei 1911 Chinas Qing-Dynastie beendete, wurde das Gebäude der örtlichen Chinese Chamber of Commerce übereignet. Heute ist das Gebäude ein denkmalgeschütztes nationales Wahrzeichen. Die Ausstellung doku-

mentiert die politischen Aktivitäten von Dr. Sun und verdeutlicht die Auswirkungen der Xinhai-Revolution von 1911 auf Singapur. Auch die Rolle, die die Stadt bei den gesellschaftlichen Umwälzungen spielte, wird erläutert *(siehe S. 37)*. ◉ *Karte T2 • 12 Tai Gin Road • 6256-7377 • Di–So 10–17 Uhr • Eintritt • www.wanqingyuan.org.sg*

7 Lian Shan Shuang Lin Monastery

Der Name des mit 110 Jahren ältesten buddhistischen Klosters in Singapur bedeutet »Zwillingshain des Lotusbergtempels«. Die drei Haupthallen – Hall of Celestial Kings, Mahavira Hall und Dharma Hall – sind im charakteristischen Stil der südchinesischen Provinz Fujian gestaltet. Das Gelände birgt auch eine siebenstöckige Granitpagode. Bei den Hoklo trägt der Tempel den Namen Siong Lim. ◉ *Karte T2 • 184 Jalan Toa Payoh • 6259-6924 • tägl. 24 Std.*

8 Southern Ridges

Die Südwestküste der Insel säumen Hügel und Felshänge. Vier Parks – Telok Blangah Hill Park, Kent Ridge Park, Mount

Sun Yat Sen Nanyang Memorial Hall

➜ *Nationalparks & Gärten siehe S. 42f*

Orchidville

Faber Park und West Coast Park – sind durch Brücken miteinander verbunden, die fantastische Ausblicke gewähren – vor allem die Henderson Waves Bridge, die die Wanderwege von Mount Faber Park und Telok Blangah Hill Park verbindet. ✎ Karte S3 • Henderson Road • 6471-7361 • www.nparks.gov.sg

Orchidville

Auf der Farm lassen sich nicht nur wunderschöne und außergewöhnliche Orchideen bewundern und erwerben: Auf dem Gelände bieten zahlreiche Veranstaltungen und Aktivitäten Besuchern die Möglichkeit, Kenntnisse über die Orchideenzucht zu erwerben. ✎ Karte R2 • 82 Sungei Tengah Road • 6552-7003 • tägl. 9.30– 21.30 Uhr • www.orchidville.com

Kranji War Memorial & Cemetery

Auf dem Friedhof, der die Strait of Johor überblickt, markieren etwa 4000 Grabsteine die Gräber von Briten, Australiern, Kanadiern, Indern und Malaien, die im Zweiten Weltkrieg fielen. Ein Denkmal ist weiteren 24 000 Soldaten gewidmet, deren sterbliche Überreste nie gefunden wurden (siehe S. 41). ✎ Karte R1 • 9 Woodlands Road • tägl. 7–18 Uhr

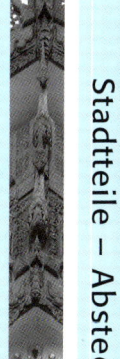

Ein Tag außerhalb der Stadt

Vormittag

Für diesen Ausflug bietet es sich an, im Vorfeld ein SAEx-Tagesticket (siehe S. 106) zu besorgen, das für 12 S$ freie Fahrt zu allen wichtigen Attraktionen bietet. Nehmen Sie frühmorgens den Express-Service-Bus von einer der Haltestellen in der Orchard Road zum **Singapore Zoo**. In den kühlen Morgenstunden sind die Zootiere aktiver und es sind weniger Besucher zugegen. Fahren Sie dann mit dem Express-Service-Bus zum **Jurong Bird Park**. Beginnen Sie Ihren Besuch des Parks mit dem unterhaltsamen Lunch mit Papageien.

Nachmittag

Nehmen Sie sich, nachdem Sie sich an den Kunststücken der Papageien erfreut haben, ausreichend Zeit, um die Voliere zu erkunden, sich über einheimische Arten zu informieren und eine der Shows, die das Verhalten der Tiere erläutern, zu besuchen. Besichtigen Sie anschließend den eine kurze Taxifahrt entfernten **Chinese Garden & Japanese Garden**. Die malerischen Brücken, Seen, Pagoden und Bonsai sind wunderschöne Fotomotive. Auch das **Sungei Buloh Wetland Reserve** eignet sich hervorragend für einen Besuch am Nachmittag und bietet ein wunderbares Naturerlebnis. Die Mangrovensümpfe, Watt- und Teichgebiete sind Heimat herrlicher Blumen und Pflanzen. Neben verschiedenen Vogelarten wie Reihern, Fischreihern und Mangrovenfischern kann man weitere Tiere, darunter Otter, Krabben und Warane, beobachten.

Stadtteile – Abstecher

Links **Shophouses in Katong** Rechts **Die moderne Vorstadt Pasir Ris**

Vororte

Katong / Joo Chiat
Die beiden Schmelztiegel von Peranakan, Eurasiern, Malaien, Indern und Chinesen sind, was Imbissstände betrifft, wahre Schatzkammern. ✎ *Karte T2*

Geylang
Während in Kampong Glam die vielfältige muslimische Kultur vorherrscht, ist Geylang malaiisch geprägt. Die Läden und Lokale zielen eher auf die Bewohner des Orts ab als auf Besucher – das macht sie besonders authentisch. ✎ *Karte T2*

Siglap
Das ruhige Wohngebiet ist mittlerweile vor allem bei der ausländischen Bevölkerung beliebt. In den letzten Jahren entstanden hier einige einladende Restaurants und Cafés. ✎ *Karte U2*

Tiong Bahru
Restaurierte Art-déco-Bauten und der Zustrom von Künstlern sorgen in der ältesten New Town Singapurs für eine interessante Mischung aus Alt und Neu. Besuchen Sie unbedingt das Hawker Center. ✎ *Karte S3*

Holland Village
Diese echte »Expat-Enklave« hat interessante Läden mit asiatischer Kunst, Geschenken und Wohnaccessoires zu bieten. In den schicken Straßencafés und Bars sitzen die Bewohner verschiedenster Nationalitäten zusammen. ✎ *Karte S2/S3*

Dempsey Hill
In der Ansammlung ehemaliger Militärbaracken nahe dem Botanischen Garten kann man hervorragend nach Kunst, Antiquitäten und Wohndekor stöbern. Cafés, Bars und Restaurants der Gegend sind abends und an Wochenenden gut besucht. ✎ *Karte S2*

Toa Payoh
Als Inbegriff einer New Town liegt Toa Payoh zentral, ist von Hochhäusern umgeben und bietet seinen Bewohnern eine lebhafte Shopping Mall. Viele der Läden gibt es seit Jahrzehnten. ✎ *Karte T2*

Changi Point
Der ländliche Ort am Meer besitzt ein offenes Hawker Center, einen Golfplatz, einen Strand für Wassersport und einen Fährhafen, von dem Boote zur Insel Pulau Ubin ablegen. ✎ *Karte V1*

Woodlands
Der Malaysia nächstgelegene Ort Singapurs verfügt über eine der größten Shopping Malls des Landes. Rund um die Singapore American School hat sich eine große amerikanische Gemeinde angesiedelt. ✎ *Karte S1*

Pasir Ris
Dank der Lage am Meer bietet die moderne New Town Strände und Strandparks, Wassersport und Familienaktivitäten sowie offene Hawker Center und Straßenlokale. ✎ *Karte U1/U2*

Alle Vororte sind mit öffentlichen Verkehrsmitteln gut und schnell zu erreichen.

Preiskategorien		
Preis für ein Drei-Gänge-	**$**	unter 20 S$
Menü pro Person mit	**$$**	20–30 S$
einem alkoholfreien	**$$$**	30–50 S$
Getränk, inkl. Steuern	**$$$$**	50–70 S$
und Service.	**$$$$$**	über 70 S$

Freiluftplätze im UDMC Food Centre

TOP 10 Restaurants

1 UDMC Food Centre
Im luftigen Uferambiente der verschiedenen Freiluftrestaurants kann man frisches Seafood genießen. ✆ *Karte U3 • 1216 East Coast Parkway • tägl. 11–24 Uhr • $$$*

2 Long Beach Seafood
Das Lokal ist berühmt für seine Sri-Lanka-Krabben in Pfeffersauce, serviert aber auch exzellente Fleischgerichte. ✆ *Karte U3 • 1202 East Coast Parkway • 6448-3636 • tägl. 14–12.15 Uhr • $$$*

3 Samy's Curry Restaurant
Das indische Restaurant liegt in einer offenen Halle inmitten von Bäumen. Spezialität ist Chicken Masala. ✆ *Karte S3 • 25 Dempsey Road • 6472-2080 • Mi–Mo & Feiertage 11–15 & 18–22 Uhr • $$*

4 Original Sin
Feine Weine ergänzen die leichten vegetarischen, aus frischen Zutaten und Kräutern bereiteten mediterranen Gerichte. ✆ *Karte S3 • 01–62 Jalan Merah Saga, Holland Village • 6475-5605 • tägl. 11.30–14.30 & 18–22.30 Uhr, So 18–22 Uhr • $$$*

5 Siem Reap I
Das Café zieren Nachbildungen kambodschanischer Tempelfriese und Buddha-Figuren. Die Küche hat sich auf Speisen aus Vietnam, Laos und Kambodscha spezialisiert. Von 15 bis 18 Uhr gibt es feine Cocktails. ✆ *Karte S3 • 44 Lorong Mambong • 6468-5798 • So–Do 12–1 Uhr, Fr & Sa 12–2 Uhr • $$*

6 Halia
Das Haus aus Glas und Stroh umgibt üppiges Grün. Serviert werden vorwiegend westliche Gerichte mit einheimischem Touch. ✆ *Karte S2 • 1 Cluny Road • 6476-6711 • tägl. 12–21.30 Uhr • $$$$*

7 Imperial Restaurant
Nach einer kurzen Visite des chinesischen Arztes wird dafür gesorgt, dass Gäste die richtigen Kräuter in ihrem Essen haben. ✆ *Karte K3 • Level 2, Riverview Hotel, 382 Havelock Road • 6337-0491 • Mo–Fr 11.30–14.30 Uhr & 18–22.30 Uhr, Sa & So 11.30–23 Uhr • $$$$*

8 Chez Petit Salut
Das Restaurant bietet authentische französische Küche. Es verfügt über einen eleganten Speisesaal und eine Terrasse, auf der die hier lebenden Ausländer gern sitzen. ✆ *Karte S3 • 01–54, 44 Jalan Merah Saga • 6474-9788 • Mo–Sa 11.30–14.30 & 18.30–22.30 Uhr • $$$*

9 Chilli Padi Nonya Restaurant
Das preisgekrönte Lokal bietet eine reizvolle Auswahl an Gerichten aus der einzigartigen Peranakan-Küche. ✆ *Karte T2 • 11 Joo Chiat Place • 6275-1002 • tägl. 11.30–14.30 & 17.30–22 Uhr • $*

10 Tambuah Mas
Das seit mehr als 30 Jahren bestehende Lokal serviert indonesische Gerichte. ✆ *Karte A4 • 19 Tanglin Road • 6733-3333 • tägl. 11–22 Uhr • $$*

Wenn nicht anders angegeben, akzeptieren die Restaurants Kreditkarten und bieten auch vegetarische Gerichte an.

REISE-INFOS

TOP 10 SINGAPUR

Links **Singapur-Dollar** Mitte **Wichtige Utensilien für Besucher** Rechts **Stecker**

TOP 10 Reisevorbereitung

1 Beste Reisezeit
In Singapur herrscht das ganze Jahr warmes Klima mit Durchschnittstemperaturen von 24 bis 31 Grad. Die Luftfeuchtigkeit beträgt etwa 85 Prozent. Die regenreichste Zeit ist von November bis Januar, die trockenste in Juni und Juli. Hauptreisezeit ist von Dezember bis zum Chinesischen Neujahr im Januar oder im Februar.

2 Einreise
Für die Einreise nach Singapur benötigen Europäer einen noch mindestens sechs Monate gültigen Reisepass, Nachweise über die Weiterreise und über ausreichende Geldmittel für den Aufenthalt. Kinder brauchen eigene Ausweisdokumente. Bei der Einreise erhalten Besucher eine 90 Tage gültige Aufenthaltserlaubnis. Schwangere Frauen ab dem sechsten Monat müssen diese vorab bei der Botschaft oder der Immigrations & Checkpoints Authority (ICA) beantragen. ☏ *ICA: 6391-6100; www.ica.gov.sg*

3 Gesundheitsvorsorge
Für Singapur besteht keine Impfpflicht, doch ein wirksamer Schutz gegen Hepatitis A & B, Diphtherie, Tetanus und Typhus ist sinnvoll. Wer Schlaftabletten, Stimulanzien oder Antidepressiva mitführt, sollte wegen der strengen Einfuhrbestimmungen ein Rezept vorweisen können.

4 Zoll
Besucher dürfen je einen Liter Wein, Bier und Spirituosen zollfrei nach Singapur einführen, aber keine Zigaretten. Bei der Einreise von Malaysia aus oder nach weniger als 48 Stunden Aufenthalt außerhalb Singapurs dürfen überhaupt keine zollfreien Waren eingeführt werden. Feuerwerkskörper, raubkopierte CDs bzw. DVDs und Kaugummi sind generell verboten. Vorsicht: Bei Drogendelikten droht auch ausländischen Besuchern die Todesstrafe.

5 Reisegepäck
Packen Sie leichte Sommerkleidung ein. Die Einheimischen kleiden sich in der Regel westlich leger. Kurze Hosen oder Sandalen sind in einigen Restaurants nicht gern gesehen. Für klimatisierte Räume sollte man auch Jacke oder Schal dabeihaben. Ein Schirm schützt vor Regen und Sonne.

6 Zeit
Singapur ist der Mitteleuropäischen Zeit sieben Stunden voraus, sechs Stunden während der europäischen Sommerzeit. Die Sonne geht rund ums Jahr gegen sieben Uhr auf und gegen 19 Uhr unter.

7 Strom
Die Stromspannung im Land beträgt 220–240 Volt bei 50 Hertz. Steckdosen sind dreipolig. Hotels verleihen Adapter, der Erwerb ist jedoch auch nicht teuer.

8 Sprachen
In Singapur gibt es vier offizielle Landessprachen: Englisch, Mandarin (Hochchinesisch), Malaiisch und Tamilisch. Englisch ist im Alltag am gebräuchlichsten und auch Pflichtfach an allen Schulen. Viele Bewohner Singapurs sprechen allerdings »Singlish«, eine mit Slangwörtern durchsetzte Mischung aus Englisch, Malaiisch und Chinesisch *(siehe S. 33)*. Schilder und Hinweistafeln sind in englischer Sprache beschriftet.

9 Währung
Der Singapur-Dollar (SGD oder S$) unterteilt sich in 100 Cent. Banknoten gibt es im Wert von 2, 5, 10, 20, 50, 100, 500, 1000 und 10000 S$, Münzen zu 1, 5, 10, 20 und 50 Cent sowie zu einem Dollar. Auch der Brunei-Dollar ist in Singapur gültiges Zahlungsmittel. Vereinzelt akzeptieren Läden zwar auch US-Dollar, doch in der Regel benötigt man überall die Landeswährung.

10 Führerschein
Wer in Singapur Auto fahren möchte, braucht entweder einen internationalen Führerschein oder eine gültige Fahrerlaubnis aus dem Heimatland inklusive einer beglaubigten englischen Übersetzung. Achtung: In Singapur herrscht Linksverkehr! ☏ *http://driving-in-singapore. spf.gov.sg/services/driving_ in_singapore/index.htm*

Links **Changi International Airport** Rechts **Flugreservierung im Reisebüro**

10 Anreise

Direktflüge

Der Flughafen Changi ist sehr groß und wird von mehr als 80 Fluggesellschaften angesteuert. Entsprechend vielfältig sind die Preise. Direktflüge nach Singapur gibt es z. B. von Frankfurt am Main, München und Zürich aus.

Zwischenlandung

Die Niederlassungen des Singapore Visitors Centre in den Ankunftsterminals sind auf die Bedürfnisse von Durchreisenden zugeschnitten. Sie bieten Ruhezonen, Transithotels, Spas und in Terminal 1 sogar einen Dachterrassenpool. Für Passagiere mit mehr als fünf Stunden Aufenthalt werden kostenlose Führungen auf Englisch angeboten.

Flugbuchung

Die besten Angebote sind oft im Internet zu finden. Viele Fluggesellschaften bieten auf ihren Websites günstige Onlinetarife. Internetanbieter wie Kayak und Travelocity verschicken E-Mail-Newsletter mit Tiefpreisangeboten. Früh- oder Last-Minute-Buchungen sind besonders günstig.
- www.kayak.com
- www.travelocity.com

Regionale Billigflieger

Auch Singapur profitiert von der weltweiten Ausbreitung von Billigfluglinien. Anbieter wie Tiger Airways, Jetstar und Air Asia bieten Flüge in die asiatische Pazifikregion. Der

Wettbewerb drückt die Preise allgemein, prüfen Sie also auch Angebote herkömmlicher Anbieter.
- www.tigerairways.com
- www.jetstar.com
- www.airasia.com

Changi International Airport

Der Changi International Airport wurde im März 2015 zum sechsten Mal zum besten Flughafen der Welt gewählt. Viele Passagiere checken früher ein, um Zeit für die Angebote vor Ort zu haben. Der Flughafen hat drei Terminals, die Eröffnung des vierten ist für 2017 anberaumt, ein fünftes ist in Planung. Das Visitors Centre *(siehe S. 107)* bietet Informationen und hilft bei Reservierungen. *Karte V2 • 6595-6868 • www.changiairport.com*

Mit der Bahn

Zwei Bahnlinien vebinden Malaysia und Singapur. Die Züge fahren den Bahnhof Woodlands Train Checkpoint an. Die tägliche Route von Johor Bahru und Kuala Lumpur übernimmt Malaysias Keretapi Tanah Malayu (KTMB). Die Fahrt ist lang, aber komfortabel und zuverlässig. Der opulente Orient-Express verkehrt einmal wöchentlich zwischen Bangkok und Singapur und hält sowohl in Penang als auch in Kuala Lumpur. *KTMB: 1300-88-5862; www.ktmb.com.my Orient-Express: 6395-0678; www.orient-express.com*

Mit dem Auto

Wer mit einem Auto nach Singapur fährt, benötigt Autopass & Vehicle Entry Certificate, erhältlich an den Häuschen mit der Aufschrift »Immigration«

Weiterreise mit dem Auto

Mietwagen aus Singapur benötigen für Malaysia eine Zusatzversicherung und einen drei viertel vollen Tank. Lizenzierte Taxis nach Malaysia warten am Stand in der Queen Street oder sind unter 6293-5546 erreichbar. Sie fahren nur bis zum Checkpoint, dort warten malaysische Taxis.

Weiterreise mit dem Bus

Abstecher in das malaysische Johor Bahru macht der SBS-Bus 170 von Queen Street oder der SMRT 950 ab Woodlands Interchange nahe der MRT-Station Woodlands *(siehe S. 106)*. Am Checkpoint steigt man um. Halten Sie Ihr Ticket dafür bereit.
- www.plusliner.com

Weiterreise mit dem Schiff

Die Inseln rund um Singapur erreicht man mit Fähren. Nach Kusu und St Johns geht es vom Marina South Pier, wo auch Mietboote für Fahrten zu den Sisters' Islands und Pulau Hantu warten. Die indonesischen Inseln Batam und Bintan erreicht man vom Fährhafen Tanah Merah oder vom Singapore Cruise Centre aus.

Links **MRT-Zug** Mitte **EZ Link Card** Rechts **Regionaler Transitbus**

TOP10 In Singapur unterwegs

1 Flughafentransfer

Vom Changi International Airport gelangt man am einfachsten mit MRT, einem Taxi oder dem Flughafenbus, der die großen Hotels anfährt, in die Stadt. Am schnellsten ist ein Taxi, es lohnt sich bereits ab zwei Personen. Taxistände gibt es an allen großen Terminals.

2 MRT

Der effiziente und preisgünstige Mass Rapid Transit (MRT) betreibt von sechs Uhr früh bis Mitternacht vier Linien. Die Nord-Süd-Linie verläuft von Jurong East bis Marina Bay, die Ost-West-Linie verbindet Pasir Ris und Changi Airport mit Joo Koon, die Nord-Ost-Linie verkehrt zwischen Punggol und HarbourFront, die Circle Line zwischen Dhoby Ghaut und HarbourFront.

3 Taxis

Taxis sind in der Regel recht günstig, wobei das komplexe Tarifsystem zu den Stoßzeiten und diverse Zusatzkosten den Fahrpreis stark erhöhen können. Bei Unwetter und im Berufsverkehr sollte man Taxis besser meiden. Im Stadtzentrum kann man gut am Taxistand warten, eine telefonische Bestellung ist gebührenpflichtig.

4 EZ Link Card

Die Prepaid-Karten erleichtern die Nutzung des öffentlichen Verkehrsnetzes. Man erhält sie an jeder MRT-Station und kann sie dort auch wieder zurückgeben. Die Karten sind in MRT, LRT (S-Bahn) und Bussen gültig. Ein, zwei oder drei Tage geltende Singapur-Touristenpässe gibt es am Flughafen Changi, an den MRT-Stationen und unter http://ezlink.com.sg/.

5 Busse

Singapur hat ein ausgedehntes Busnetz. Fahrpreise variieren nach Strecke und nach Komfort des Busses. Das Streckennetz ist weniger übersichtlich als das des MRT, eine gute Hilfestellung bietet jedoch der Online-Routenplaner von TransitLink.

6 SIA Hop-on Bus & SAEx

Der von Singapore Airlines betriebende klimatisierte Bus bedient über 20 Stationen, u. a. Chinatown, Orchard Road, Little India und Sentosa. Für Besucher, die mit Silk Air oder Singapore Airlines angereist sind, reduziert sich der Preis von 12 auf 6 S$ am Tag. Oft lohnt sich auch ein Tagespass (12 S$) für den Singapore Attractions Express (SAEx) von Bus Hub, der wichtige Sehenswürdigkeiten anfährt.

7 Zu Fuß

Spaziergänge sollte man in Singapur sorgfältig planen. Bei der Hitze und der hohen Luftfeuchtigkeit kann schon ein kurzer Fußmarsch sehr anstrengend werden. Gönnen Sie sich hie und da eine Rast und nehmen Sie ausreichend Flüssigkeit zu sich.

8 Mietwagen

Mehrere große Autovermietungen sind in Singapur vertreten, mit einem internationalen oder englischsprachigen Führerschein ist das Prozedere einfach. Das hier übliche dichte Auffahren und häufige Spurwechseln ist allerdings etwas enervierend.

9 Chauffeurdienste

Autos und Minibusse mit Fahrer kann man über viele Hotels, Autovermietungen und am Flughafen Changi buchen. Die Preise variieren nach Strecke und Personenzahl, sind aber überraschend günstig.

10 Fahrradfahren

Räder sind ideal für die ebenen Wege im East Coast Park oder die Erkundung einiger Nationalparks (siehe S. 51), doch meiden Sie den Stadtverkehr.

Auf einen Blick

MRT
• www.smrt.com.sg

Taxis
• CityCab: 6552-2222
• Comfort Cab: 6552-1111
• TIBS Taxi: 6555-8888
• Yellow-Top: 6552-2828

Busse
• www.transitlink.com.sg
• www.siahopon.com
• www.bushub.com.sg

Mietwagen
• www.avis.com.sg
• www.hertz.com

Achtung: In den Stoßzeiten sollte man nicht Taxi fahren, sondern auf den zuverlässigen öffentlichen Nahverkehr umsteigen.

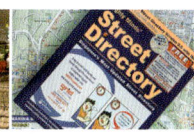

Links **Lokalzeitungen** Mitte **Information am Flughafen Changi** Rechts **Stadtplan**

ᴛᴏᴘ10 Information

Singapore Tourism Board (STB)

Das Singapore Tourism Board bietet Besuchern umfassende Beratung. Es betreibt die Singapore Visitors Centres, Filialen im Ausland und die Website www.yoursingapore.com. ✆ Bleichstraße 45, 60313 Frankfurt am Main; (069) 920 7700; www.stb.gov.sg

Websites

Die Website des STB (siehe oben) steckt voller Informationen und Tipps in mehreren Sprachen. Weitere hilfreiche Seiten sind www.singapur-tourismus. de, www.singapur-guide. de, www.touristiklinks.de/ stadt/singapur/ und www. newasia-singapore.com.

Singapore Visitors Centres (SVC)

Besucherzentren des STB finden sich am Flughafen und in der Stadt. Die gut ausgebildeten Mitarbeiter bieten nützliche Informationen und hilfreiche Tipps. Die Service-Hotline steht innerhalb Singapurs kostenlos zur Verfügung. ✆ SVC @ Changi: Changi Airport, Terminal 1, 2 & 3 (Ankunftshalle), tägl. 6–24 Uhr; SVC @ Orchard: Ecke Cairnhill Road (Karte C5), tägl. 9.30–22.30 Uhr; SVC @ ION Orchard: 2 Orchard Turn (Karte B4), tägl. 10–22 Uhr; China-town VC @ Kreta Ayer Square: 2 Banda Street (Karte K4), tägl. 9–21 Uhr • 1800-736-2000, aus dem Ausland (65) 6736-2000; Mo–Fr 8–19 Uhr

Lokalzeitungen

Die Singapurer Tageszeitung heißt Straits Times und präsentiert internationale Nachrichten aus asiatischer Sicht. Wer wissen möchte, was die einfachen Leute in Singapur bewegt, kann z. B. einen Blick in die kostenlosen Boulevardblätter Today und My Paper werfen.

Zeitschriften

Das 14-tägliche Magazin Time Out Singapur ist an Zeitungskiosken sowie in Buchläden und großen Supermärkten erhältlich. Es bietet eine gute Übersicht über Veranstaltungen in ganz Singapur, der Fokus liegt auf Kunst und Musik. Auch der in den Besucherzentren erhältliche monatliche Newsletter des Singapore Tourism Board gibt nützliche Tipps zu Veranstaltungen.

TV & Radio

Singapur hat zwei englischsprachige Fernsehkanäle: Channel News Asia bietet Dauernachrichten im Stil von CNN, Channel5 setzt auf Lifestyle-Sendungen und Spielfilme aus den USA. Die englischsprachigen Radiosender spielen vorwiegend westlichen Pop. In Hotels sind über Kabel internationale Kanäle wie Star World, CNBC Live, HBO und Discovery zu empfangen.

Stadtpläne

In Besucherzentren, in Hotels und auch an manchen Sehenswürdigkeiten liegen kostenlose Stadtpläne aus. Da man sich in der Stadt leicht zurechtfindet, sind unhandliche Straßenverzeichnisse nicht nötig.

Behinderte Reisende

Obwohl Singapur sich bemüht, die Stadt auch behinderten Besuchern mehr und mehr zu öffnen, werden Rollstuhlfahrer wegen fehlender Rampen vielerorts Hilfe benötigen. Die MRT-Stationen sind mit Aufzügen und oftmals mit Blindenschrift und Bodenreliefs ausgestattet. Große Taxiunternehmen bieten rollstuhltaugliche Wagen.

Schwule & lesbische Besucher

Offiziell ist Homosexualität in Singapur nach wie vor illegal. Daran konnte auch ein 2008 unternommener Versuch, das Verbot aufzuheben, nichts ändern. Zur Strafverfolgung kommt es glücklicherweise selten. Trotz Verbots hat Singapur eine wachsende, wenn auch sehr diskrete Schwulenszene. Nahe der Tanjong Pagar Road befinden sich viele Schwulenbars.

Zensur

Die Regierung von Singapur betrachtet die einheimischen Medien als Partner in nationalen Belangen. Entsprechend übt die Presse weitgehend Selbstzensur. Offene politische Aktivitäten gibt es kaum. Ausländer sind in Singapur so gut wie gar nicht politisch aktiv.

Links **Essen im Hawker Center** Mitte **Bukit Timah Nature Reserve** Rechts **Chinesische Souvenirs**

TOP 10 Singapur für wenig Geld

Günstige Flüge

1 Diverse Billigflieger steuern die Region an, aber auch etablierte Linien bieten mitunter Schnäppchen. Wer von Singapur aus weiterfliegen will, sollte bei Fluglinien wie Tiger Airways (innerhalb Asiens), Cebu Pacific Air (zu den Philippinen), Bangkok Airways (nach Ko Samui, Thailand) und Jetstar (Südostasien und Indien) nach Angeboten suchen.
- www.tigerairways.com
- www.cebupacificair.com
- www.bangkokair.com
- www.jetstar.com

Verkehrsmittel

2 Wer mit Singapore Airlines fliegt, nutzt den SIA Hop-on Bus verbilligt. Er hält an den 20 beliebtesten Besucherzielen. Ein SAEx-Tagesticket kostet 12 S$. Für Busse und MRT gibt es den Singapore Tourist Pass, ein Tages- (10 S$) bzw. Mehrtagesticket, das im gesamten Netz gültig ist *(siehe S. 106)*.

Preiswert essen

3 Singapurs Hawker Center und Food Courts *(siehe S. 56f)* bieten eine große Vielfalt preisgünstiger, aber feiner regionaler und internationaler Gerichte. Eine Mahlzeit mit Getränk ist bereits ab 5 S$ zu haben, außerhalb des Zentrums sogar für weniger.

Preiswert ausgehen

4 Die meisten Kneipen und Bars veranstalten Happy Hours, die von nachmittags bis in den frühen Abend reichen können. Solche Angebote umfassen vergünstigtes Bier oder auch zwei Getränke zum Preis von einem, Hochprozentiges ist darin allerdings selten enthalten. Manche Clubs bieten Ladies' Nights, in denen Frauen mitunter den ganzen Abend kostenlose Getränke erhalten.

Parks & Gärten

5 Das National Parks Board gewährt nicht nur freien Eintritt in fast alle Parks und Gärten, es bietet an einzelnen Wochenenden auch kostenlose Führungen an, z. B. im Fort Canning Park und im Bukit Timah Nature Reserve.
- www.nparks.gov.sg

Museen & Sammlungen

6 In vom National Heritage Board betriebenen Museen wie dem National Museum of Singapore und dem Asian Civilisations Museum ist der Eintritt in den Abendstunden und an manchen Feiertagen frei bzw. vergünstigt.
- www.nhb.gov.sg

Kostenlose Veranstaltungen

7 Neben religiösen Feiern und Kulturfestivals veranstaltet die Stadt auch andere kostenlose Events wie Straßenmusik, Livekonzerte, Filmvorführungen, Vorträge und Rahmenprogramme für Festivals und Ausstellungen.
- www.yoursingapore.com

Stadttouren

8 DUCK & HiPPO Tours bietet für Sightseeing-Touren einen zwei Tage gültigen Pass (Erwachsene 33 S$, Kinder 23 S$), der unbegrenzten Zugang zum offenen HiPPO-Tourbus erlaubt. Der Bus hält an vielen bedeutenden Sehenswürdigkeiten der Stadt. Auch die HiPPO-Ausflugsboote können mit dem Pass genutzt werden. Es gibt fünf thematisch unterschiedliche Stadtrundfahrten – die günstigste Art, Singapur zu erkunden.
- www.ducktours.com.sg

Preiswert übernachten

9 Singapurs Billighotels und Hostels sind zwar etwas teurer als ihre südostasiatischen Pendants, bieten dafür aber hervorragende Sicherheit und sind mit so manchen Extras ausgestattet. Dazu gehören z. B. Lounges, Reisebibliotheken, WLAN-Zugang, Telefondienste und Wäscheservice.

Schnäppchen

10 Nirgendwo bekommt man Souvenirs, T-Shirts, diversen Schnickschnack, sogar Stewardess-Uniformen der Singapore Airlines u. v. m. günstiger als im durchgehend geöffneten Mustafa Centre *(siehe S. 76)*. Die Preise sind fest und liegen allesamt weit unter denen der Läden im Zentrum. Noch billiger wird es während des Great Singapore Sale im Juni / Juli.

Links **Kiosk mit Telefonkarten** Mitte **Geldautomat** Rechts **Nutzerin im Internetcafé**

TOP10 Geld & Kommunikation

Banken, Geldautomaten & Kreditkarten

Die meisten großen internationalen Banken haben Filialen in Singapur mit den dort üblichen Geschäftszeiten: Mo–Fr 10–15 Uhr & Sa 9.30–13 Uhr. Geldautomaten (ATM) des Cirrus- oder PLUS-Netzes gibt es in Einkaufszentren und an MRT-Stationen. Gängige Kreditkarten wie American Express, Visa, Diners Club und MasterCard werden in der Regel akzeptiert, kleinere Läden berechnen dafür oft eine Gebühr.

Geldwechsel & Überweisungen

Sie können in allen Banken und Hotels Geld wechseln, bessere Kurse bieten zugelassene Wechselstuben in Einkaufszentren. Überweisungen per Western Union sind in jeder Singapore-Post-Filiale möglich.
🌐 www.singpost.com

GST Refund

In Singapur beträgt die Mehrwertsteuer (GST) auf Waren und Dienstleistungen sieben Prozent. Bei Einkäufen ab 100 S$ in Läden mit dem Tax-Free-Logo kann man sich diese rückerstatten lassen. Verlangen Sie beim Kauf das GST-Refund-Formular und legen Sie es bei der Ausreise zusammen mit Ware und Kassenbeleg am Zoll vor. Sie erhalten einen Gutschein, den Sie sofort an einem Kiosk in Bargeld tauschen können.
🌐 www.customs.gov.sg

Post

Singapore Post bietet an vielen Standorten zuverlässigen Postversand, etwa in den Malls Ngee Ann City und Lucky Plaza in der Orchard Road und Suntec City in der Temasek Avenue. Briefe nach Europa kosten 1,10 S$, Postkarten 50 Cent. Postlagernd geht an die Filiale Eunos außerhalb des Stadtzentrums.

Öffentliche Telefone

Münz- und Kartentelefone gibt es in Einkaufszentren und MRT-Stationen. Ortsgespräche bis zu zwei Minuten kosten zehn Cent. Viele Telefonzellen akzeptieren auch Kreditkarten. Telefonkarten erhalten Sie bei Singapore Post oder in 7-Eleven-Filialen.

Telefonnummern

Singapurs Landesvorwahl lautet 0065, es gibt keine Ortsvorwahlen. Die achtstelligen Rufnummern beginnen mit den Ziffern 6 oder 3, Handynummern mit 8 oder 9. Internationale Gespräche aus Singapur beginnen mit 001 – die Vorwahlen für Deutschland, Österreich und Schweiz lauten also 00149, 00143 und 00141.

Mobiltelefone

Gängige europäische Smartphones funktionieren in Singapur. SingTel, M1 und StarHub sind drei Anbieter des Landes. Vorsicht: Datenroaming verursacht rasch hohe Kosten.

Internet

Große internationale Hotels bieten WLAN-Zugang im Zimmer, viele Cafés einen WLAN-Hotspot. In Shoppingvierteln gibt es Internetcafés.

Businesscenter

Die meisten großen Hotels haben gut ausgestattete Businesscenter, kleine bieten Fax, Kopierer u. Ä. an der Rezeption.

Feiertage

Singapurs zehn gesetzliche Feiertage sind: *Neujahr* (1. Jan), *Chinesisches Neujahr* (zwei Tage im Jan/Feb), *Karfreitag* (März/Apr), *Tag der Arbeit* (1. Mai), *Vesak Day* (meist im Mai), *Nationalfeiertag* (9. Aug), *Deepavali* (meist im Okt/Nov), *Hari Raya Haji* (Nov) und *Weihnachten* (25. Dez). Viele religiöse Feiertage folgen dem Mondkalender – sie haben kein festes Datum.

Kreditkartenverlust

Allgemeiner Notruf
• *00149 116 116*
• *www.116116.eu*

American Express
• *6880-1900*

Diners Club
• *6416-0800/-0900*

MasterCard
• *800-1100-113*

Visa
• *800-110-0344*

girocard
• *00149 69 740 987*

➤ *Auch die bekannten internationalen Kurierdienste DHL, FedEx und UPS sind in Singapur vertreten.*

Links **Stadtpolizist** Mitte **Apothekenschild** Rechts **Trinkwasser in Flaschen**

TOP 10 Sicherheit & Gesundheit

1 Notrufnummern
In Singapur sind Notrufe von öffentlichen Telefonen kostenlos. Wählen Sie 999 für die Polizei und 995 für Feuerwehr oder Krankenwagen.

2 Polizei
Singapur ist eine sehr sichere Stadt. Eine effektive Polizei sorgt streng für die Einhaltung der Gesetze. Auch kleine Ordnungswidrigkeiten sind mit Bußgeld belegt. Nicht immer wird Ausländern, die mit dem Gesetz in Konflikt geraten sind, automatisch ein Rechtsbeistand ihrer zuständigen Botschaft gewährt.

3 Diebstahl
Trotz der äußerst geringen Kriminalitätsrate kommt es auch in Singapur zu Diebstählen. Achten Sie auf Ihre Wertsachen, vor allem im Gedränge, wie es auf den Märkten in Chinatown oder der Bugis Street herrscht. Die meisten Hotelzimmer haben Safes. Wertsachen können aber auch im Hauptsafe des Hotels deponiert werden. Pass, Flugticket und Kreditkarten sind dort sicher untergebracht. Eine Kopie des Passes genügt, um sich auszuweisen.

4 Krankenhäuser
Singapurs Gesundheitswesen gilt als eines der besten der Welt. Zentrale Krankenhäuser sind Mount Elizabeth, Gleneagles und Singapore General *(siehe Kasten)*.

5 Ansteckende Krankheiten
In der Vergangenheit sorgten Krankheiten wie SARS und Vogelgrippe für Schlagzeilen. 2003 wurde Singapurs Kampf gegen SARS sehr gewürdigt. Wegen des Vogelgrippevirus kontrollieren die Regierungsbehörden Geflügelimporte.

6 Insekten
Singapur ist seit Jahrzehnten frei von Malaria. Ein Problem sind jedoch andere von Mücken übertragene Krankheiten wie Dengue- oder Chikungunya-Fieber, weshalb Insektenschutz dringend zu empfehlen ist.

7 Apotheken
In vielen Einkaufszentren der Stadt gibt es Filialen der Apothekenketten Guardian und Watsons. Da Rezepte aus dem Ausland hier nicht anerkannt werden, sollten Sie benötigte Medikamente mitführen.
🔗 www.guardian.com.sg
🔗 www.watsons.com.sg

8 Trinkwasser & Lebensmittel
Das Leitungswasser ist in Singapur trinkbar, wer jedoch abgefülltes Wasser bevorzugt, erhält dies in Lebensmittelläden, Cafés und Restaurants. Auch das Essen an Imbissständen ist in der Regel unbedenklich. Die Einhaltung der strengen Hygienestandards wird laufend überwacht – wer diese nicht erfüllt, muss unverzüglich schließen.

9 Alleinreisende Frauen
Viele Geschäftsfrauen reisen in Singapur allein. An Frauen verübte Gewalttaten sind selten.

10 Botschaften
Kontaktieren Sie bei Ausweisverlust oder bei Konflikten mit dem Gesetz umgehend Ihre Botschaft.

Notruf
Polizei: *999*
Feuerwehr: *995*
Krankenwagen: *995*

Krankenhäuser
Gleneagles Hospital
6 Napier Road (Karte S3)
• *6575-7575*

Mount Elizabeth Hospital
3 Mount Elizabeth (Karte B4/C4)
• *6250-0000*

Singapore General Hospital
Outram Road (Karte J5)
• *6321-4311*

Botschaften
Deutschland
50 Raffles Pl (Singapore Land Tower; Karte M4)
• *6533-6002* • *www.singapur.diplo.de*

Österreich
600 N Bridge Road (Parkview Square; Karte G5)
• *6396-6350* • *www.bmeia.gv.at*

Schweiz
1 Swiss Club Link (Karte S2)
• *6468-5788*
• *www.eda.admin.ch*

Gefahren für Ihre Gesundheit sind die Hitze und eine mögliche Dehydrierung, aber auch die starken Klimaanlagen **siehe S. 112**

Links **Fahrt mit der Riksha** Rechts **Ausflugsgefährt von DUCKtours**

TOP10 Touren

Rikschafahrten

Von einer Riksha aus lässt sich die Stadt ganz entspannt bestaunen. Gefährte warten z. B. am Chinatown Trishaw Park und an der O. G. Albert Shopping Mall in Little India. Singapore Tours hat vierstündige Nachtfahrten durch Chinatown im Programm. ⚲ *Singapore Tours: 9040-8099 • www. toursinsingapore.com*

Singapore Walks

Kenntnisreiche Führer liefern während der täglich wechselnden Touren durch die ethnischen Viertel Details zu Sitten und Gebräuchen, Geschichte, Tradition und zu bedeutenden Sehenswürdigkeiten. Reservieren ist nicht nötig – man geht zum Treffpunkt, zahlt und schließt sich an. ⚲ *www.journeys.com.sg*

Flussfahrten

Singapore River Cruises und andere Unternehmen bieten Flussfahrten in altmodischen »Bumboats« *(siehe S. 10)*. Solche Boote dienten einst als Wassertaxis und für den Warentransport. Es geht vorbei an Robertson Quay, Clarke Quay und Boat Quay in die Marina Bay, die schöne Blicke auf die Silhouette der Stadt erlaubt. Begleitender Kommentar kommt vom Band. Zusteigen kann man am Merlion Park, Raffles Landing Site und weiteren Haltestellen entlang der Route. ⚲ *Singapore River Cruises: 6336-6111 • www.rivercruise.com.sg*

DUCKtours

Die Tour mit dem ungewöhnlichen Amphibienfahrzeug ist etwas ganz Besonderes. Sie führt vom Land ins Meer und wieder zurück und kombiniert damit Bus- und Bootstour. ⚲ *Suntec Convention Center, 1 Raffles Boulevard • 6338-6877 • www. ducktours.com.sg*

Peranakan Heritage Tour

Die von Randall Ee ins Leben gerufene Peranakan Consultancy veranstaltet auf Vereinbarung Ausflüge nach Katong. Der Ort an der Ostküste Singapurs beheimatete Anfang des 19. Jahrhunderts eine große Peranakan-Gemeinde. Die individuellen Touren bieten eine Einführung in Architektur, Trachten und Kochkunst dieses Volkes. ⚲ *The Peranakan Consultancy: 9889 9989 • www.baba. com.sg*

Geister-Touren

Die Singapore Paranormal Investigators, örtliche »Geisterjäger«, bieten zwei gruselige Führungen durch die gespenstischsten Gegenden Singapurs – nichts für kleine Kinder und ängstliche Naturen. ⚲ *www.spi.com.sg*

Kernland-Tour

Tour East Singapore bringt Besucher an die Ostküste und nach Changi. Die Tour führt durch das ländliche Changi Village und die Satellitenstadt Tampines New Town und bietet interessante Einblicke ins Singapurer Leben. ⚲ *Tour East Singapore: 15 Cairnhill Road • 6735-1221 • www.toureast.net/ singapore*

Tour zu den Stätten des Zweiten Weltkriegs

Luxury Tours & Travel hat nachmittägliche Ausflüge zu den Kriegsschauplätzen der Insel in seinem Angebot: Schlachtfelder, Orte der Kapitulation und ehemalige Kriegsgefangenenlager. ⚲ *Luxury Tours & Travel: 6733-2808 • www. luxury.com.sg*

Dschunkenfahrten

Watertours veranstaltet Fahrten in einer nachgebauten chinesischen Dschunke. Ähnliche Schiffe gab es im 15. Jahrhundert unter Admiral Zheng He oder Cheng Ho, der die berühmte chinesische Flotte befehligte. Bei den drei Touren täglich wird entweder ein leichtes Frühstück, der Nachmittagstee oder ein Dinner serviert. ⚲ *Watertours: 31 Marina Coastal Drive • 6533-9811 • www.watertours.com.sg*

Sultans of Spice Tour

Der Spaziergang durch Kampong Glam widmet sich dem muslimischen und malaiischen Erbe Singapurs. Da er einen Besuch der Masjid Sultan *(siehe S. 14f)* beinhaltet, ist Schultern und Knie bedeckende Kleidung sinnvoll. ⚲ *www.journeys.com.sg*

Das National Parks Board bietet an manchen Wochenenden kostenlose Führungen durch einige der Nationalparks siehe S. 108

Links **Regen in Singapur** Mitte **Verbotsschilder** Rechts **Schlangestehen am Taxistand**

TOP 10 Vorsicht!

1 Überhitzung
Wer möglichst viel von seinem Singapur-Aufenthalt haben möchte, der sollte ihn ruhig angehen. Wählen Sie kühle, legere Kleidung. Dennoch wird die feuchte Hitze an Ihren Kräften zehren.

2 Dehydrieren
Da man hier ständig schwitzt, ist die Gefahr einer Dehydrierung groß. Sie müssen regelmäßig trinken und sollten immer eine Flasche Wasser dabeihaben. Die gibt es in Lebensmittelläden, Food Courts und Cafés.

3 Regengüsse
In den Tropen kann es urplötzlich wie aus Eimern schütten. Nicht umsonst tragen die Einheimischen immer einen Regenschirm bei sich. Kompakte, mit Reflektorfolie beschichtete Modelle dienen auch hervorragend als Sonnenschutz. Sie bewahren Sie vor Sonnenbrand und allzu großer Hitze.

4 Kälte
Die Klimaanlagen von Einkaufszentren, Bürogebäuden und Kinos kühlen meist sehr stark. Um sich nicht zu erkälten, sollten Sie immer eine leichte Jacke, ein Schultertuch oder ein langärmliges Shirt parat haben.

5 Taxifahren im Berufsverkehr
Singapurs öffentliche Verkehrsmittel sind zuverlässig und preisgünstig, wer allerdings im Berufsverkehr oder während eines Regengusses ein Taxi benötigt, muss zuweilen bis zu 40 Minuten Schlange stehen. Auch kurz vor Mitternacht ist die Nachfrage nach Taxis groß, da der Tarif zwischen Mitternacht und sechs Uhr morgens um die Hälfte mehr beträgt. Natürlich kann man Taxis reservieren, meist dauert es aber lang, bis sie kommen. Erkundigen Sie sich lieber, wo die nächste MRT-Station oder Bushaltestelle liegt.

6 Autofahren
Avis und Hertz vermieten hier zwar Autos *(siehe S. 106)*, es ist aber für Besucher nicht ratsam, selbst zu fahren. Für Electronic Road Pricing (Maut) und Parken benötigt man Prepaid-Karten und Tickets. Neben dem hohen Verkehrsaufkommen sorgt die unberechenbare Fahrweise der Einheimischen bisweilen für Frust, ebenso die Parkplatzsuche. Der öffentliche Nahverkehr der Stadt ist zuverlässig, gar nicht teuer und daher sehr zu empfehlen.

7 Touts
Schwarzhändler und Schlepper sind in Singapur illegal. Trotzdem begegnet man ihnen in manchen Shopping Malls an der Orchard Road und anderswo. Oft sind sie recht aggressiv. Es ist immer klug, auf eine internationale Garantie von Produkten zu achten. Das Singapore Tourism Board *(siehe S. 107)* betreibt Aufklärung und warnt Öffentlichkeit und Besucher der Stadt vor Händlern zweifelhaften Rufs.

8 Rauchen
In geschlossenen Räumen ist das Rauchen generell verboten. Das gilt auch für Restaurants und Kneipen. Einige Lokale mit Freiluftbetrieb bieten kleine Raucherbereiche. Auch in Warteschlangen am Taxistand – oder wo sonst mehr als fünf Leute anstehen – ist Rauchen nicht erlaubt. Zuwiderhandlungen werden mit bis zu 1000 S$ Strafe geahndet.

9 Drogen
Singapurs Drogengesetze sind äußerst streng: Jeglicher Import, Besitz und Genuss illegaler Betäubungsmittel steht unter Strafe. Im Fall von Drogenhandel – auch wenn die gefundene Menge diesen Tatbestand nur nahelegt – kann das sogar die Todesstrafe beinhalten. Da wird auch bei Ausländern keine Ausnahme gemacht.

10 Menschenmengen
An den Wochenenden füllen sich Shopping Malls und Attraktionen der Stadt mit einheimischen Familien, ausländischen Kindermädchen und Arbeitern, die ihren freien Tag genießen. Vor allem in Little India und Orchard Road sollte man dann auf Gedränge und lange Schlangen gefasst sein.

Singapur ist eine der saubersten Städte der Welt, also werfen Sie nichts auf die Straße. Auch Spucken stellt ein Vergehen dar.

Links **Hotelrezeption** Mitte **Halten Sie Münzen fürs Trinkgeld bereit** Rechts **Drinks in einer Bar**

Hotel- & Restaurant-Tipps

Hotelreservierung
Singapurs Hotels sind das ganze Jahr über gut besucht – buchen Sie also frühzeitig. Wer ohne Reservierung anreist, sollte sich an die Singapore Hotel Association wenden. Sie betreibt in den Ankunftshallen des Flughafens Changi *(siehe S. 105)* rund um die Uhr Hotelreservierungsschalter.
🕭 *Singapore Hotel Association: 17 Cantonment Road (Karte J5)* • *6513-0233* • *www.sha.org.sg*

Hoteltarife
Zimmerpreise gelten in der Regel für ein Standardzimmer mit Frühstück, Zeitung und einigen weiteren Annehmlichkeiten. Manche internationalen Hotels bieten inzwischen eine sogenannte »best rate«, die von Dauer und Zeitpunkt Ihres Aufenthalts abhängt. In einigen Hotels gibt es Rabatte für Gäste, die keinen zusätzlichen Service beanspruchen.

Hauptsaison
Da in Singapur das ganze Jahr über geschäftliche Veranstaltungen und Messen stattfinden, gibt es keine ausgesprochene Hauptsaison. In den Monaten Juli und August werden die Geschäftsreisenden von einer wachsenden Zahl an Urlaubern abgelöst. Der größte Betrieb herrscht in Hotels auf jeden Fall zwischen Weihnachten und dem Chinesischen Neujahr. Entspre-

chend hoch sind in dieser Zeit dann auch die Zimmerpreise.

Langzeitaufenthalt
Hotels bieten meist verbilligte Langzeittarife. Einige Anbieter vermieten auch Apartments mit Service in unterschiedlichen Luxusgraden. Solche Ferienwohnungen verfügen meist über eine voll eingerichtete Küche samt Haushaltsgeräte. Gerade für Familien können Langzeitapartments eine gute Alternative sein.

Hotelsteuern & Trinkgeld
Hinter den Zimmerpreisen der Hotels steht manchmal »Plus, Plus« oder ein doppeltes Pluszeichen. Das bedeutet, dass zum angegebenen Preis noch zehn Prozent Servicegebühr und sieben Prozent Dienstleistungssteuer (GST) hinzukommen. Trinkgelder sind in Hotels kein Muss, trotzdem ist es nicht unüblich, den Pagen zwei bis fünf Dollar pro Gepäckstück zuzustecken.

Reservierung in Restaurants
In preiswerten Lokalen ist eine Reservierung meist gar nicht möglich. In einigen gehobenen Restaurants sollte man dagegen unbedingt reservieren.

Essenszeiten
Die meisten Restaurants schließen zwischen Mittag- und Abendessen. Falls Sie zwischendurch

hungrig werden, können Sie in der Cafeteria Ihres Hotels, einem Café, einem Hawker Center oder dem Food Court einer Mall essen. Auch westliche Fast-Food-Ketten sind hier vertreten.

Restaurantsteuern & Trinkgeld
In fast allen Restaurants und Bars enthält die Rechnung bereits eine zehnprozentige Servicepauschale und sieben Prozent Steuer. Zusätzliches Trinkgeld ist in Singapur nicht üblich, es gilt jedoch nicht als unhöflich, ein paar Münzen für den Kellner auf dem Tisch liegen zu lassen. Trinkgeld, das Sie per Kreditkarte auf die Rechnung aufschlagen, erreicht den Kellner selten.

Etikette
Der Ausdruck »dress casual« (legere Kleidung) meint nicht etwa Shorts, Badeschlappen oder Trägerhemdchen. Dieser bei so manchen Anlässen geforderte Dresscode bedeutet vielmehr, dass Frauen ein Kleid bzw. Rock oder Hosen mit Bluse und die Männer zumindest lange Hosen und ein Hemd mit Kragen tragen sollten.

Wein & Spirituosen
Alkohol ist in Singapur ab 18 Jahren erlaubt. Er wird hoch besteuert, entsprechend teuer sind Drinks in Bars und Restaurants. Zollfrei darf man je einen Liter Schnaps, Bier und Wein oder Portwein einführen.

Restaurants in Singapur **siehe S. 58f**

Links **Hotelpool des Shangri-La** Mitte **Goodwood Park Hotel** Rechts **Suite im Raffles Hotel**

TOP10 Luxushotels

1 The St. Regis Singapore
Das Hotel ist für seinen superben Butlerservice berühmt. Die Zimmer und Suiten haben handbemalte Wandverkleidungen aus Seide, Designerpolstermöbel, edle Bettwäsche und französische Marmorbäder. Zu den Einrichtungen zählen das preisgekrönte Remède Spa, ein exzellentes Fitnesscenter und ein Pool im Freien. ◈ *Karte S3 • 29 Tanglin Road • 6506-6888 • www.stregissingapore. com • $$$$$*

2 The Ritz-Carlton, Millenia Singapore
Das nahe dem Messegelände und dem Central Business District gelegene Hotel wird von hochkarätigen Geschäftsleuten aufgesucht. Zimmer und Gemeinschaftsräume zieren moderne Kunstwerke, die Marmorbäder bieten riesige Badewannen und Panoramablick. ◈ *Karte P2 • 7 Raffles Avenue • 6337-8888 • www. ritzcarlton.com • $$$$$*

3 Shangri-La Hotel
Mit 15 Hektar Grünanlagen ist das Hotel eine Oase in der Stadt. Gäste können zwischen klassisch eleganten Zimmern im Valley Wing, urbanen Ferienanlagen im Garden Wing und modernen Zimmern im Tower Wing wählen. ◈ *Karte A3 • 22 Orange Grove Road • 6737-3644 • www. shangri-la.com • $$$$$*

4 Four Seasons
Das 20-stöckige Hotel liegt nur wenige Schritte von den Singapore Botanic Gardens *(siehe S. 18f)* entfernt. Die Zimmer sind charmant gestaltet und mit bequemen Betten ausgestattet. Die One-Ninety Bar bietet tollen Sonntagsbrunch. ◈ *Karte A4 • 190 Orchard Boulevard • 6734-1110 • www.four seasons.com/singapore • $$$$$*

5 Marina Bay Sands
Das imposante Hotel an der Marina Barrage *(siehe S. 22)* erfüllt alle Wünsche. Es warten 2561 luxuriöse Zimmer, Konferenzzentrum, Shopping Mall, Kunstmuseum, Theater, Gourmetrestaurants und Bars und nicht zuletzt das Casino. Der SkyPark lockt mit riesigem Infinity Pool. ◈ *Karte N2 • 10 Bayfront Avenue • 6688-8868 • www.marina baysands.com • $$$$$*

6 Mandarin Oriental Singapore
Das Foyer zeigt schwarzen Marmor und klassisch asiatisches Interieur. Zu Konferenzzentren und dem Central Business District ist es nicht weit. ◈ *Karte N2 • 5 Raffles Avenue • 6338-0066 • www.mandarinoriental. com/singapore • $$$$$*

7 The Fullerton Hotel
Das einstige Hauptpostamt ist heute ein eleganntes Hotel. Die Zimmer haben hohe Decken und große Fenster. Geschäftsreisende finden hochmoderne Kommunikationseinrichtungen vor. ◈ *Karte M3 • 1 Fullerton Square • 6733-8388 • www. fullertonhotel.com • $$$$$*

8 Amara Sanctuary Resort Sentosa
Das aus einer Militärbaracke der 1930er Jahre erwachsene Resort verbindet tropische Kolonialarchitektur mit zeitgemäßer Einrichtung. Herrlich sind das Spa und der Dachpool mit Meerblick. ◈ *Karte S3 • 1 Larkhill Road, Sentosa • 6825-3888 • www.sentosa. amarahotels.com • $$$*

9 Fairmont Singapore
Das Hotel bietet 769 luxuriöse Zimmer und Suiten sowie zahlreiche Einrichtungen und Annehmlichkeiten wie das Willow Stream Spa *(siehe S. 54)*. ◈ *Karte M1 • 80 Bras Basah Road • 6339-7777 • www. fairmont.com • $$$$$*

10 Goodwood Park Hotel
Das 1900 als Club für in Singapur lebende Deutsche erbaute Haus wurde 1929 zum Hotel. Der Turm ist ein Nationaldenkmal. Die Zimmer sind klassischen Stils, haben aber moderne Ausstattungen. Das Hotel bietet exzellente Restaurants. ◈ *Karte B3 • 22 Scotts Road • 6737-7411 • www.goodwoodpark hotel.com • $$$$$*

Die genannten Luxushotels bieten in allen Räumen kostenfreien WLAN-Zugang. Luxuriöse Unterkunft im Raffles Hotel **siehe S. 24f**

Preiskategorien

Preis für ein Doppel-		
zimmer pro Nacht	**$**	unter 100 S$
mit Frühstück (falls	**$$**	100–200 S$
inklusive), Steuern	**$$$**	200–300 S$
und Service.	**$$$$**	300–400 S$
	$$$$$	über 400 S$

Pool des Singapore Marriott Hotel

TOP 10 Businesshotels

Singapore Marriott Tang Plaza Hotel

Das im Zentrum des Geschäfts-, Shopping- und Vergnügungsviertels von Singapur gelegene Hotel bietet sowohl Geschäftsreisenden als auch Urlaubern luxuriöse Unterkunft. In allen Räumen ist die WLAN-Nutzung kostenlos. ⊠ Karte B4 • 320 Orchard Road • 6735-5800 • www.marriott.com • $$$$$

Grand Hyatt

Die Rezeption des Hotels ist vom Eingang aus nicht einsehbar. Während die »Grand Rooms« etwas größer sind, bieten die Zimmer im »Terrace Wing« Unterhaltungseinrichtungen sowie für Geschäftsreisende helle Arbeitsplätze mit kostenlosem WLAN-Zugang. ⊠ Karte B4 • 10 Scotts Road • 6738-1234 • www.singapore.grand.hyatt.com • $$$$$

Sheraton Towers

Das zentral gelegene Hotel besitzt 420 Zimmer. Es ist für seinen hohen Qualitätsstandard und den hervorragenden Butlerservice berühmt. Die mit modernen Annehmlichkeiten ausgestatteten Zimmer sind komfortabel und elegant. In der Lobby steht Gästen kostenloser WLAN-Zugang zur Verfügung. ⊠ Karte C2 • 39 Scotts Road • 6737-6888 • www.sheratonsingapore.com • $$$$$

Pan Pacific

Das Businesscenter mit Büros, Konferenzräumen und einer Lounge mit Fachpersonal nimmt in dem größten Hotel Singapurs eine ganze Etage ein. Zum Haus gehören preisgekrönte Restaurants. WLAN-Zugang ist in allen Räumen gratis. ⊠ Karte N2 • 7 Raffles Boulevard • 6336-8111 • www.panpacific.com • $$$$

InterContinental

In das Hotel wurde eine Reihe Shophouses aus der Vorkriegszeit integriert. Die Gesamtgestaltung zeigt einheimischen Stil. Das Hotel liegt nicht ganz zentral, aber direkt an einer MRT-Station nahe dem Suntec Convention Center. Die WLAN-Nutzung ist gratis. ⊠ Karte G5 • 80 Middle Road • 6338-7600 • www.ihg.com • $$$$

M Hotel

Das internationle Businessclass-Hotel in Shenton Way richtet sich an Reisende, die in Singapur einen Arbeitsaufenthalt verbringen. Wochenendgäste erhalten Preisnachlässe. In den Gemeinschaftsräumen ist WLAN-Nutzung kostenpflichtig. ⊠ Karte K6 • 81 Anson Road • 6224-1133 • www.millennium hotels.com.sg • $$$

Crowne Plaza Changi Airport

Die Lage des internationalen Businesshotels am Flughafen schließt kleine Ausflüge ins Stadtzentrum nicht aus. Die Singapore Expo und das zum Flughafen gehörende Industriegebiet East Coast sind nicht weit entfernt. WLAN steht kostenlos bereit. ⊠ Karte V2 • 75 Airport Boulevard • 6823-5300 • www.crowneplaza.com • $$$$

Marina Mandarin

Das Businesshotel ist mit der Shopping Mall Marina Square verbunden. Die Zimmer bieten fantastischen Blick auf die Bucht. WLAN-Zugang ist kostenlos. ⊠ Karte N2 • 6 Raffles Boulevard • 6845-1000 • www.meritushotels.com • $$$$$

Conrad Centennial

Das Hotel liegt für Geschäftsreisende ideal. Es gibt ein Businesscenter mit Konferenzräumen und Zimmer mit hochmodernen Kommunikationseinrichtungen. In den Gemeinschaftsräumen ist WLAN kostenpflichtig. ⊠ Karte N2 • 2 Temasek Boulevard • 6334-8888 • www.hilton.com • $$$$

Hilton Singapore

Das Wahrzeichen der Orchard Road liegt nahe den besten Shopping Malls von Singapur. Einige Zimmer bieten herrlichen Blick auf die Stadt. In den Gemeinschaftsräumen ist WLAN-Nutzung grätis. ⊠ Karte A4 • 581 Orchard Road • 6737-2233 • www.hilton.com • $$$$

 Wenn nicht anders angegeben, akzeptieren die Hotels Kreditkarten und bieten Zimmer mit Bad und Klimaanlage.

Links **The Sentosa Resort & Spa** Mitte **YMCA International House** Rechts **Orchard Parade Hotel**

TOP 10 Familienhotels

1 Shangri-La's Rasa Sentosa Resort

Das einzige Strandhotel Singapurs eignet sich perfekt für einen Besuch mit Kindern. Ein Baumhaus und ein Pool sind mit Rutschen ausgestattet, es werden Aktivitäten angeboten. Alle Zimmer bieten Blick auf die Hügel oder das Meer. Die Eltern können WLAN kostenlos nutzen. *Karte S3 • 101 Siloso Road • 6275-0100 • www.shangri-la.com • $$$$$*

2 Siloso Beach Resort

Die Glaswände der Anlage gestatten tollen Blick auf den Strand. Neben den Zimmern des Hauptgebäudes stehen Villen mit ein oder zwei Schlafzimmern bereit. Zu den exzellenten Freizeitanlagen zählt ein Pool mit Wasserfall. WLAN ist gratis. *Karte S3 • 51 Imbiah Walk, Sentosa • 6722-3333 • www.silosobeachresort.com • $$$*

3 The Singapore Resort & Spa Sentosa

Das von üppigem Grün und tropischen Fischteichen umgebene Resort birgt das So SPA *(siehe S. 55)*. Die Zimmer haben Plasmafernseher und meist Gartenblick. Das Restaurant The Cliff serviert Seafood. WLAN ist inklusive. *Karte S3 • 2 Bukit Manis Road • 6275-0331 • www.singapore resortsentosa.com • $$$*

4 Festive Hotel

Kinder erhalten ebenso viel Aufmerksamkeit wie erwachsene Gäste: Willkommenspäckchen, Süßigkeiten an der Rezeption und eigene Bademäntel. »Deluxe Family King Rooms« bieten für Kinder separate Bereiche mit Hochbetten. WLAN-Nutzung ist kostenpflichtig. *Karte S3 • Resorts World Sentosa, 8 Sentosa Gateway • 6577-8899 • www.rwsentosa.com • $$$$*

5 YMCA International House

Unter den YMCAs in Singapur hat das wenige Minuten vom National Museum und anderen historischen Sehenswürdigkeiten entfernte International House die beste Lage. Es bietet ein Café, einen Pool, ein Fitnesscenter und kostenlosen WLAN-Zugang. Die Unterkünfte reichen von Vierbettzimmern bis zu Juniorsuiten. *Karte E6 • 1 Orchard Road • 6336-6000 • www.ymcaih.com.sg • $$*

6 YWCA Fort Canning Lodge

Das YWCA ist ideal gelegen. Geräumige, gut ausgestatte Zimmer und Familiensuiten bieten Blick auf Pool oder Park. Es gibt ein rund um die Uhr geöffnetes Café und einen Waschsalon. Der WLAN-Zugang ist gratis. *Karte E6 • 6 Fort Canning Road • 6338-4222 • www.ywca.org.sg • $$$*

7 Parkroyal

Das Hotel nahe der Arab Street bietet gute Ausstattung zu vernünftigen Preisen. Einige der schlichten Zimmer sind miteinander verbunden. Kinder lieben den Dachpool. WLAN-Nutzung ist kostenlos. *Karte H5 • 7500 Beach Road • 6505-5666 • www.parkroyal hotels.com • $$$*

8 Orchard Parade Hotel

Das hervorragend gelegene Hotel bietet seinen Gästen einen Pool, einen Waschsalon, Familienstudios mit eigenen Wohn- und Essbereichen sowie kostenloses WLAN. *Karte A4 • 1 Tanglin Road • 6737-1133 • www.orchard parade.com.sg • $$$*

9 Fraser Place Robertson Walk

Das Haus bietet für mindestens einwöchige Aufenthalte exzellent ausgestattete Apartments mit ein bis drei Schlafräumen. Es gibt einen Spielplatz und einen Pool, Cafés und ein Supermarkt liegen in der Nähe. *Karte J2 • 11 Unity Street • 6736-4800 • www.frasershospitality.com • $$$$$*

10 Fraser Suites

Das Haus bietet Langzeitgästen luxuriöse Apartments mit Küche sowie einen Pool und einen Spielplatz. *Karte S3 • 491A River Valley Road • 6737-5800 • www.frasers hospitality.com • $$$$$*

Wenn nicht anders angegeben, akzeptieren die Hotels Kreditkarten und bieten Zimmer mit Bad und Klimaanlage.

Preiskategorien

Preis für ein Doppel-	**$**	unter 100 S$
zimmer pro Nacht	**$$**	100–200 S$
mit Frühstück (falls	**$$$**	200–300 S$
inklusive), Steuern	**$$$$**	300–400 S$
und Service.	**$$$$$**	über 400 S$

Poolbereich des Holiday Inn Park View

TOP 10 Preiswerte Hotels

Hotel Bencoolen

Das Hotel, wenige Schritte von der Orchard Road und Little India entfernt, ist eine gute Wahl. Alle Zimmer sind mit Fernseher und Kaffeemaschine ausgestattet, das Frühstücksbüfett ist westlichen Stils. Auf dem Dach befindet sich ein kleiner Pool. ◈ Karte F5 • 47 Bencoolen Street • 6336-0822 • www.hotel bencoolen.com • $$$

Hotel Grand Central

Nirgendwo sonst in der Stadt kann man zu diesen Preisen in so guter Lage nächtigen. Die Ausstattung ist schlicht, doch so nahe an der Orchard Road will man sowieso nicht viel Zeit im Hotel verbringen. ◈ Karte D5 • 22 Cavenagh Road • 6737-9944 • www.grandcentral. com.sg • $$

RELC International Hotel

Das Hotel bietet eine Kombination aus guter Lage und ordentlicher Ausstattung zu ansprechendem Preis. Die Auswahl an Zimmern ist nicht groß, aber alle verfügen über Balkon, Kabelfernsehen, Kühlschrank und Kaffeeküche. Das im Preis enthaltene Frühstück ist nichts Besonderes, doch die nur zehn Minuten entfernte Orchard Road bietet diverse Alternativen. ◈ Karte A2 • 30 Orange Grove Road • 6885-7888 • www.relcih.com.sg • $$$

Robertson Quay Hotel

Die Lage entspricht der der Fraser Suites (siehe S. 116), doch hier wohnt man deutlich günstiger. Zimmer und Bäder sind sehr einfach und klein, die besten und ruhigsten weisen auf den Fluss. Auf dem Dach gibt es einen kleinen Pool mit Bar. Zu den Restaurants und Bars am Robertson Quay ist es nicht weit. ◈ Karte J2 • 15 Merbau Road • 6735-3333 • www. robertsonquayhotel.com.sg • $$$

Lloyd's Inn

Das schlichte Lloyd's ist eher Motel als Hotel. Die Einrichtungen sind spärlich und es gibt auch keinen Pool – die Lage ist jedoch hervorragend und für die Nähe zur Orchard Road überraschend ruhig. ◈ Karte D6 • 2 Lloyd Road • 6737-7309 • www.lloyds inn.com • $

Strand Hotel

Dieses Haus wirkt absolut nicht wie ein Billighotel. Die großen bunten Zimmer umfassen auch Luxus- und Familienzimmer für bis zu sieben Personen. ◈ Karte F5 • 25 Bencoolen Street • 6338-1866 • www.strandhotel. com.sg • $$

The Inn at Temple Street

Mitten im denkmalgeschützten Teil Chinatowns nimmt dieses preisgekrönte Hotel fünf restaurierte Shophouses ein. Die Zimmer sind klein und moderner Komfort wird hier nicht gerade großgeschrieben, doch das Haus besitzt Charme. ◈ Karte K4 • 36 Temple Street • 6221-5333 • www. theinn.com.sg • $$

Peninsula Excelsior Hotel

Dank der Fusion von Excelsior und Peninsula genießt man hier doppelte Einrichtungen und zwei Pools. Nehmen Sie ein Zimmer zur Marina Bay – bessere Aussicht ist zu dem Preis nicht zu finden. ◈ Karte L2 • 5 Coleman Street • 6337-2200 • www. ytchotels.com.sg • $$$

Holiday Inn Park View

Das Hotel ist zwar nicht das allergünstigste, hat aber große Zimmer mit Kühlschrank und Kaffeemaschine. Der Service ist sehr gut, das Frühstücksbüfett ordentlich. Es gibt Pools für Kinder und für Erwachsene. ◈ Karte C4 • 11 Cavenagh Road • 6733-8333 • www.holidayinn.com • $$$$

Summer View Hotel

Dieses Hotel ist von Attraktionen umgeben. Es gibt keinen Pool, aber Kaffeemaschinen, Kabel-TV und Internet. Gefrühstück wird im Thai-Restaurant. ◈ Karte F5 • 173 Bencoolen Street • 6338-1122 • www.summerview hotel.com.sg • $$$

In preiswerten Hotels ist die Nutzung des WLAN-Zugangs, sofern vorhanden, in der Regel kostenpflichtig.

Links **Hotelrestaurant, The Duxton** Mitte **Zimmer im Naumi Hotel** Rechts **Foyer des Scarlet Hotel**

TOP 10 Boutiquehotels

1 The Scarlet Hotel
Mit Samt, Seide und Satin, maßangefertigten Möbeln und glänzenden Lackaccessoires bietet das Haus ein Fest für die Sinne. Die Suiten sind behaglich, die Standard- und De-luxe-Zimmer leider recht klein. ⌖ Karte K5 • 33 Erskine Road • 6511-3333 • www.thescarlet hotels.com • $$$$

2 New Majestic Hotel
Jedes Zimmer wurde von einem einheimischen Designer oder Künstler ausgestaltet – mit zum Teil skurrilem Ergebnis. Das Majestic ist auch eine beliebte Adresse für Cocktails und moderne chinesische Küche. ⌖ Karte J5 • 31–37 Bukit Pasoh Road • 6511-4700 • www.newmajestichotel. com • $$$$

3 Link Hotel
Das einzigartige Art-déco-Anwesen entsprang Singapurs erstem Projekt für staatlichen Wohnungsbau. Es steht in einem bezaubernden alten Vorort nahe Chinatown. Die Einrichtung aus Teakholz zeigt ethnische Anklänge. ⌖ Karte T3 • 50 Tiong Bahru Road • 6622-8585 • www. linkhotel.com.sg • $$$

4 Hotel 1929
Ein hübsch restauriertes Shophouse birgt das kleine Hotel mitten in Chinatown. Helles, elegant-modernes Design sorgt für eine gewisse Weitläufigkeit, die Zimmer sind jedoch klein. Preisgekrönt ist das Restaurant Ember. ⌖ Karte J4 • 50 Keong Saik Road • 6347-1929 • www. hotel1929.com • $$

5 Village Hotel Albert Court
Das gemütliche kleine Hotel ist mit Peranakan-Textilien, geschnitzten Holzmöbeln und traditionellen Bodenfliesen zauberhaft nostalgisch eingerichtet. Die Ausstattung ist nicht sehr üppig, dafür bietet das Café im hervorragende Auswahl an beliebten ortstypischen Gerichten. ⌖ Karte F4 • 180 Albert Street • 6339-3939 • www.stayfareast. com • $$

6 Gallery Hotel
Das Hotel ist das erste in Singapur, das moderne künstlerische Gestaltung zur Schau stellt. Leuchtende Farben und postmoderne Innenarchitektur sorgen in den Zimmern für Blickfänge. Das gläserne Kragdach mit dem Pool ragt weit in die Straße hinein. ⌖ Karte J2 • 1 Nanson Road • 6849-8686 • www. galleryhotel.com.sg • $$$

7 Naumi Hotel
Das vornehme Haus in zentraler Lage ist zum einen Boutiquehotel – behaglich und familiär – und zum anderen Businesshotel mit Butlerservice rund um die Uhr. Bei Zimmerausstattung und Gästeeinrichtungen setzte man auf modernste Technik und schickes Design. ⌖ Karte G6 • 41 Seah Street • 6403-6000 • www. naumihotel.com • $$$$$

8 The Duxton
Einige umgebaute Shophouses bergen dieses Hotel, das versteckt in den malerischen Gassen von Chinatown liegt. Es besitzt entsprechend viel Charme, aber eben auch nur wenige Gästeeinrichtungen. Die kleinen Zimmer sind im europäischen Stil gestaltet. ⌖ Karte K5 • 83 Duxton Road • 6227-7678 • $$$$

9 The Keong Saik Hotel
Ein weiteres Hotel in umgestalteten Shophouses bietet Gästen kleine und sparsam möblierte Zimmer mit gepflegten Hartholzböden. Aus von Stuck umrahmten Fenstern blickt man auf eine hübsche Gasse Chinatowns. ⌖ Karte J4 • 69 Keong Saik Road • 6223-0660 • www. keongsaikhotel.com.sg • $$

10 Hotel Re! @ Pearl's Hill
Retro-Möbel und psychedelisches Dekor wie die glitzernden Badfliesen locken vorwiegend junge Gäste in das preiswerte Hotel. Das Personal ist sehr freundlich. Chinatown ist zu Fuß innerhalb von 15 Minuten zu erreichen. ⌖ Karte J4 • 175A Chin Swee Road • 6827-8288 • www.hotelre.com. sg • $$

Alle aufgeführten Boutiquehotels bieten im ganzen Haus kostenlosen WLAN-Zugang.

Preiskategorien

Preis für ein Doppel- zimmer pro Nacht mit Frühstück (falls inklusive), Steuern und Service.		
	$	unter 100 S$
	$$	100–200 S$
	$$$	200–300 S$
	$$$$	300–400 S$
	$$$$$	über 400 S$

Lounge des InnCrowd Backpackers' Hostel

TOP10 Hostels & Gästehäuser

Perak Hotel
Die freundlichen Mitarbeiter an der Rezeption sorgen in dem Gästehaus für heimelige Atmosphäre. Die Zimmer sind gepflegt und haben eigene Bäder. Frühstück wird im schlichten Foyer-Café serviert. Die Gemeinschaftsräume bieten kostenfreien WLAN-Zugang. 🔆 *Karte F4 • 12 Perak Road • 6299-7733 • www.peraklodge.net • $$*

Backpacker Cozy Corner Guest House
Neben Schlafsälen gibt es schlichte kleine Einzel- und Doppelzimmer ohne eigenes Bad. Das Haus bietet Wäscheservice, Miniküche, Sonnenterrasse und kostenloses WLAN. 🔆 *Karte G5 • 490 North Bridge Road • 6339-6128 • www.cozycornerguest.com • $*

hangout @mt. emily
Das für imagebewusste Budgetreisende konzipierte Haus hat spartanische, aber helle Schlafräume mit originellem Touch sowie Einzel- und Doppelzimmer mit eigenem Bad. WLAN-Nutzung ist gratis. 🔆 *Karte E4 • 10A Upper Wilkie Road • 6438-5588 • www.hangouthotels.com • $$*

Hive Backpackers' Hostel
Dieses Hostel liegt nicht unbedingt zentral, ist aber sauber und sicher.

Außer den klimatisierten Schlafsälen bietet es Doppelzimmer, einige sogar mit eigenem Bad. Frühstück ist im Preis enthalten. In der Lounge gibt es Kabelfernsehen und kostenloses Internet. 🔆 *Karte G2 • 624 Serangoon Road • 6341-5041 • www.thehivebackpackers.com • $*

InnCrowd Backpackers' Hostel
Das planvoll gestaltete Hostel ist geräumig und entsprechend beliebt. Die klimatisierten Schlafsäle und Doppelzimmer sind von kleinen Küchen, schicken Waschräumen, einer preiswerten Kneipe und einer Reisebibliothek umgeben. WLAN-Nutzung ist gratis. Das Dach birgt eine Sonnenterrasse. 🔆 *Karte F4 • 73 Dunlop Street • 6296-9169 • www.the-inncrowd.com • $*

Sleepy Sam's
Das reizende Gästehaus befindet sich in einem altmodischen Gebäude in schöner ruhiger Lage in Kampong Glam. Es bietet Schlafsäle und Zimmer, Lounge, Café, kostenlosen WLAN-Zugang, Kochgelegenheit und Frühstück. Im Umfeld gibt es viele Nachtcafés. 🔆 *Karte H5 • 55 Bussorah Street • 9277-4988 • www.sleepysams.com • $*

A Beary Good Hostel
Das gemütliche Hostel in Chinatown bietet gute

Ausstattung inklusive kostenfreiem WLAN-Zugang. Die Preise sind für die günstige Lage an einer MRT-Station ausgezeichnet. 🔆 *Karte K4 • 66A & 66B Pagoda Street • 6222-4955 • www.abearygoodhostel.com • $*

Betel Box
Alle Zimer bieten kostenlosen WLAN-Zugang. Das moderne asiatische Interieur spiegelt die einstige Funktion des Gebäudes als Shophouse. In dem Viertel Joo Chiat liegen auch viele Lokale. 🔆 *Karte T2 • 200 Joo Chiat Road • 6247-7340 • www.betelbox.com • $*

Fernloft Backpacker Hostel
Das in Chinatown zentral gelegene Gästehaus bietet Schlafsäle und Zimmer mit Gemeinschaftsbad. Die Besitzer betreiben auch ein schönes Hostel an der East Coast. WLAN ist gratis. 🔆 *Karte K4 • Block 5 Banda Street • 6297-6494 • www.fernloft.com • $*

Prince of Wales
Das »POW« ist eine schicke, beliebte Bar mit Biergarten, in der oft einheimische Bands auftreten. Das Haus bietet auch Schlafsäle und Zimmer. Junge Gäste, die Partyatmosphäre lieben, sind hier richtig. Kostenloses WLAN steht zur Verfügung. 🔆 *Karte F4 • 101 Dunlop Street • 6299-0130 • www.pow.com.sg • $*

Wenn nicht anders angegeben, akzeptieren die Hotels Kreditkarten und bieten Zimmer mit Bad und Klimaanlage.

Textregister

Textregister

Textregister

Danksagung & Bildnachweis

Autoren

Susy Atkinson, Autorin und freie Journalistin, hat große Teile Asiens bereist und verfasste Beiträge zu mehreren Reiseführern. Derzeit lebt und arbeitet sie in Singapur.

Jennifer Eveland verbrachte 13 Jahre in Asien, über zehn davon in Singapur. Seit mehr als zehn Jahren unterstützt sie eine Reihe von Publikationen mit Beiträgen über Themen wie Reisen, Mode, Finanzen und Politik.

Publisher
Douglas Amrine

List Manager
Christine Stroyan

Managing Art Editors
Mabel Chan, Sunita Gahir

Senior Editor
Sadie Smith

Project Editors
Justine Montgomery, Ros Walford

Project Designer
Nicola Erdpresser

Senior Cartographic Editor
Casper Morris

Senior Cartographer
Suresh Kumar

Cartographers
Stuart James, Schchida Nand Pradhan

Picture Researcher
Ellen Root

Picture Research Assistant
Rhiannon Furbear

DTP Operator
Natasha Lu

Production Controller
Sarah Hewitt

Photographer
Tony Souter

Additional Photography
Peter Chen, Colin Koh, Lawrence Lim, Diana Lynn, Rough Guides / Simon Bracken, Hongjun Wang

Fact Checker
Jenny Tan

Indexer
Helen Peters

Revisions Team
Namrata Adhwaryu, Claire Baranowski, Louise Cleghorn, Emer Fitzgerald, Anna Freiberger, Sumita Khatwani, Darren Longley, Nicola Malone, Shubhi Mittal, Ellen Root, Sands Publishing Solutions, Beverly Smart, Susana Smith, Adeline Tan, Conrad Van Dyk, Ajay Verma, Hongjun Wang.

Bildnachweis

l=links; r=rechts; o=oben; u=unten; m=Mitte; d=Detail.

Wir haben uns intensiv bemüht, alle Copyright-Inhaber zu ermitteln. Sollte das in einigen Fällen nicht gelungen sein, bitten wir, dies zu entschuldigen. In der nächsten Auflage werden wir Versäumtes gern nachholen.

DK dankt den folgenden Personen, Institutionen und Bildarchiven für die freundliche Erlaubnis, ihre Fotografien abzubilden:

Danksagung & Bildnachweis

Acid Bar 62ol.

Alamy dbimages 1m.

Butter Factory 62ol.

Corbis Bettmann 31ol.

Dragonfly 62or

Estheva, The Grand Esthetics Spa 54ul, mr.

FSTOP Pte Plt., Singapore: 110ol.

Loof 60ol.

Mandarin Oriental Hotel Group 54ol.

Masterfile R. Ian Lloyd 32ol.

Mount Faber Leisure Group 27um.

National Archives 30ul.

National Museum of Singapore 6mlo, 8mlo, 8m, 8um, 9ol, 9ul, 9mr, 84ol.

National Parks Board, Singapore 18mlo, 18ur, 18–19.

New Majestic Hotel 58ul.

Orchidville 99ol.

Pangaea 63or.

Photolibrary Geoffery Clive 78f, Corbis/Picture Net/Collection – Spirit 102/103, Chad Ehlers 64f, Manfred Gottschalk 4/5, Ingo Jezierski 18/19m, 28/29, JTB Photo 18ur, The Print Collector 30or.

Raffles Hotel 25um.

Resorts World Sentosa 36mo, 50or.

Singapore Art Museum 84or.

Singapore Tourism Board 32ol, 44ol, 44or, 45ml.

Spaboutique 55or.

The Spa Artisan 54ol.

Tung Lok Group 58or.

Wildlife Reserves Singapore 19om, 20m, 20mlo, 20/21m, 21mr, 21mu, 21ul.

Zouk 63or.

Umschlagvorderseite:
Getty Images Flickr RM Hauptbild;
Dorling Kindersley Tony Souter ml, ul.
Umschlagrückseite:
Dorling Kindersley Tony Souter ol, om, or.
Buchrücken:
Getty Images Flickr RM.

Druck der Verkehrsnetzkarte mit freundlicher Genehmigung der Singapore Land Transport Authority.

Alle anderen Bilder © Dorling Kindersley.

Weitere Informationen unter **www.dkimages.com**